# OPERATO DELLA CONSULTA GIOVANILE DI ACICASTELLO
## DAL 2014 AL 2018

# Graziano D'Urso

# 2020

**Operato della Consulta Giovanile
di Acicastello dal 2014 al 2018**

Lulu.com, Morrisville, NC.

*ISBN: 978-0-244-86839-0*

# INTRODUZIONE

La Consulta Giovanile di Acicastello è stato un organo attivo in un arco temporale dispiegatosi tra il 2014 ed il 2018, inattivo per il quinquennio precedente e per il triennio successivo.

A questo consesso ho dedicato parecchie energie e risorse intellettuali nei due mandati 2014-2016 e 2017-2019 (anche se le attività si sono concluse anticipatamente), e ho deciso di trattare in questo documento le principali vicende per lasciare una testimonianza di quanto proficuo sia stato realizzato socialmente.

L'entusiasmo generato dal susseguirsi delle iniziative, dagli incontri di dialogo e confronto, e dalle campagne di *democraticizzazione* dell'organo hanno risvegliato nella popolazione giovanile di Acicastello il desiderio di fare bene per il sociale in una matrice associazionistica che da sempre si è distinta per pragmaticità, spirito d'iniziativa, creatività e partecipazione.

Ecco quindi di seguito raccolte le documentazioni attinenti all'organo consultivo delle politiche giovanili castellesi come: ordini del giorno, verbali delle sedute, note dell'ufficio di presidenza.

**Operato della Consulta Giovanile di Acicastello dal 2014 al 2018**
Graziano D'Urso

Fra i più importanti traguardi la digitalizzazione della Consulta Giovanile, i Forum Giovanili e la Revisione dello Statuto.

Con l'intento e l'auspicio di sensibilizzare una nuova classe giovanile operativa in detto ambiente, si ringrazia per i contributi apportati per creare e correggere questo documento che al pubblico si distribuisce trasparentemente.

Si ringraziano inoltre tutti i segretari verbalizzanti, gli assessori e i consiglieri comunali che abbiano sostenuto le iniziative dell'organo consultivo delle politiche giovanili castellesi.

Marzo 2020

Graziano D'Urso

Vice Presidente dal 2014 al 2016.
Presidente dal 2017 al 2019.

# STATUTO IN VIGORE FINO AL 2016 (ABROGATO)

## Titolo I – Principi generali

### Articolo n. 1
### Principi generali

La Consulta Giovanile è un'istituzione democratica autonoma, non violenta, multietnica, antirazzista, ambientalista, di impegno per le libertà civili e senza fini di lucro.

### Articolo n. 2
### Scopi, finalità e modalità d'azione

La Consulta Giovanile: si impegna ad affermare e tutelare i diritti della comunità giovanile castellese; opera per la promozione del progresso civile, culturale e formativo della comunità; fonda la sua azione sul rispetto della persona, dell'ambiente, sulla pluralità di idee e sulla solidarietà; rifiuta e ripudia la violenza come strumento per il raggiungimento delle proprie finalità e/o come risoluzione dei conflitti o controversie; si pone come strumento di garanzia per una reale partecipazione della comunità giovanile alla vita amministrativa castellese, attribuendosi il compito di individuare e proporre iniziative in favore dei giovani; si impegni a tutelare la persona delle ragazze e dei ragazzi contro ogni forma di violenza e sopruso, perseguendo il bene comune, la pace fra i popoli, la democrazia, nel rispetto dei valori etici della comunità civile internazionale; informa le sue attività a criteri di democrazia, di efficacia, di efficienza e di pubblicità.

## Titolo II – Diritti e doveri dei membri

## Articolo n. 3
## Status di membro della Consulta Giovanile

Della Consulta Giovanile, possono fare parte di giovani di età compresa tra i 16 e i 28 anni, residenti nel Comune di Acicastello, che siano rappresentanti di associazioni, organizzazioni di volontariato, associazioni sindacali o professionali, enti, istituzioni, che svolgano attività o abbiano finalità riferite allo specifico settore giovanile, con almeno 10 membri iscritti, con i requisiti di età sopra indicati.

Membro della Consulta Giovanile, può essere anche un rappresentante di gruppi o aggregazioni accreditati nel territorio e di fatto riconosciuti.

## Articolo n. 4
## I diritti dei membri

I membri della Consulta Giovanile hanno il diritto:

a) di partecipare, rispettando le norme previste, a tutte le attività promosse dalla Consulta Giovanile;

b) di manifestare la loro volontà nelle forme descritte dal presente Statuto;

c) della facoltà di presentare mozioni e /o interpellanze presso l'ufficio di presidenza.

## Articolo n. 5
## I doveri dei membri

I membri della Consulta Giovanile sono tenuti a:

a) osservare e rispettare fedelmente lo Statuto della Consulta Giovanile;

b) far conoscere ed affermare gli scopi dell'istituzione e contribuire a definirne ed a realizzarne i programmi;

c) essere solidali con i membri della Consulta Giovanile e con l'intera comunità giovanile.

## Articolo n. 6
## Membri eletti a cariche

Tutti i membri sono tenuti a rispettare le decisioni della Consulta Giovanile, espressa mediante procedure come da Statuto.

I membri eletti a cariche rappresentative all'interno della Consulta Giovanile, sono tenuti ad informare la stessa, riunita in assemblea, riguardo al lavoro svolto nell'ambito delle rispettive cariche.

Il mancato rispetto delle decisioni della Consulta Giovanile, comporterà una mozione di sfiducia, da portare in discussione all'interno dell'assemblea.

## Articolo n. 7
## Allontanamento del membro

Il membro che si assenta ingiustificatamente a tre sedute consecutive e che dimostrerà scarsa partecipazione alle iniziative della Consulta Giovanile, incorrerà in una sospensione temporanea che deve essere ratificata dalla maggioranza assoluta dell'assemblea.

E' ammessa la sostituzione da parte di un altro componente iscritto alla stessa associazione, limitatamente al periodo di sospensione.

## Titolo III – Organizzazione della Consulta Giovanile

### Articolo n. 8
### Organi e uffici

Sono organi della Consulta Giovanile:

1 - l'assemblea, cioè l'organo interno alla Consulta Giovanile composta dai singoli membri;

2 - l'ufficio di presidenza, composto dal Presidente, da un Vice Presidente, da un Segretario.

### Articolo n. 9
### Il Presidente della Consulta Giovanile

Il Presidente rappresenta l'unità della Consulta dei Giovani. E' rappresentato dall'Assessore comunale alle Politiche Giovanili.

Svolge le seguenti mansioni:

9

1 - convoca la Consulta Giovanile, ed unitamente al Vice Presidente, stabilisce l'ordine del Giorno, anche su richiesta sottoscritta da almeno 1/3 dei suoi membri;

2 - registra le presenze e le assenze dei membri;

3 - presiede e coordina i lavori della Consulta Giovanile, senza diritto al voto;

4 - si avvale della collaborazione di un Vice Presidente eletto dalla Consulta Giovanile, che svolga le funzioni del Presidente in sua assenza;

5 - propone alla Giunta e/o al Consiglio Comunale le iniziative approvate in seno alla Consulta Giovanile;

6 - la Consulta Giovanile è validamente costituita con la presenza della metà più uno dei suoi membri.

## Articolo n. 10
## Elezioni del Vice Presidente e del Segretario

Il Vice Presidente ed il Segretario, vengono eletti dalla maggioranza assoluta dei membri della Consulta Giovanile riunita in assemblea. La votazione avviene a scrutinio segreto.

## Articolo n. 10 Bis
## Vice Presidente e Segretario

Il Vice Presidente, collabora con il Presidente e lo sostituisce in caso di sua assenza, mantenendo il diritto di voto.

Il Segretario, redige il verbale di ogni singola riunione e registra le presenze e le assenze dei membri.

## Articolo n. 11
## Dimissioni del Vice Presidente e del Segretario

Le eventuali dimissioni del Vice Presidente e del Segretario, devono essere comunicate dall'interessato al Presidente e saranno sottoposte alla ratifica dell'assemblea riunita in convocazione straordinaria, non oltre 10 giorni dalla data della comunicazione.

Nella stessa seduta si procederà all'elezione di un nuovo Vice Presidente o del Segretario. Il Vice Presidente dimissionario, resterà comunque in carica fino alla sua surroga.

## Articolo n. 12
## Mozione di sfiducia del Vice Presidente o del Segretario

I membri della Consulta Giovanile che individuassero nel Vice Presidente o nel Segretario comportamenti non conformi al presente Statuto, o che non fossero soddisfatti del suo operato, hanno facoltà di presentare mozione di sfiducia.

La mozione di sfiducia è ammissibile solo se presentata da almeno 1/3 dei membri della Consulta Giovanile riuniti in assemblea. La mozione sarà accolta se avrà i voti della maggioranza assoluta dei membri.

In questo caso il Presidente dichiara decaduto il Vice Presidente o il Segretario e nell'ambito della stessa seduta, si procederà all'elezione di un nuovo Vice Presidente o di un nuovo Segretario da parte dell'assemblea.

## Articolo n. 13
## Commissioni di lavoro

All'interno della Consulta Giovanile, possono essere costituite le Commissioni di lavoro, composte da due o più membri per libera adesione.

Le Commissioni di lavoro, eventualmente costituite, svilupperanno progetti ed iniziative su temi specifici, che successivamente saranno sottoposti all'approvazione dell'assemblea.

Le proposte delle Commissioni di lavoro, saranno trasmesse al Presidente che provvederà ad inserirle all'ordine del giorno.

I progetti, deliberati e finanziati dall'Amministrazione comunale, potranno essere curati e realizzati direttamente dalle Commissioni di lavoro espresse dalla Consulta Giovanile.

## Articolo n. 14
## Forum giovanile

La Consulta Giovanile, indice sedute aperte denominate Forum giovanili, cui possono partecipare tutti i giovani residenti nel Comune. Il Forum giovanile sarà indetto almeno due volte l'anno.

Proposte e richieste di interventi avanzate da singoli giovani dovranno essere comunicate almeno tre giorni prima al Presidente della Consulta Giovanile per una ordinata programmazione dei lavori del Forum giovanile.

Eventuali proposte e richieste di interventi pervenute nel corso dei lavori, potranno essere accolte e aggiunte in ordine cronologico al calendario degli interventi preordinato. I forum potranno essere indetti anche dall'Assessore alle Politiche Giovanili.

## Articolo n. 15
## Operatività

La Consulta Giovanile può curare la redazione, la relazione, la pubblicazione e la distribuzione di stampa e materiali periodici o monografici.

Può svolgere, nel rispetto delle leggi vigenti e delle modalità proprie del presente Statuto, qualsiasi tipo di attività ritenga utile ed opportuna per il raggiungimento delle proprie finalità.

La Consulta Giovanile, ha sede presso il Palazzo del Comune di Acicastello, il quale fornisce anche i mezzi per il servizio di segreteria della Consulta Giovanile stessa, per i seguenti compiti:

1 - compilare ed aggiornare l'elenco dei nominativi dei membri della Consulta Giovanile;

2 - curare la convocazione della Consulta Giovanile e del Forum giovanile;

3 - redigere i verbali della Consulta Giovanile.

# Articolo n. 16
# Cooperazione

La Consulta Giovanile, si riserva di impegnare i mezzi e le strutture proprie per favorire le iniziative di cooperazione, di mutuo sostegno e/o di scambio con organizzazioni, enti ed associazioni locali, nazionali ed internazionali, operanti con modalità e finalità concordi alle proprie.

Qualsiasi accordo di cooperazione deve essere espressamente ratificato dalla maggioranza assoluta dei membri in assemblea.

La Consulta Giovanile può designare suoi rappresentanti in seno ad organismi esterni. Tali rappresentanti saranno eletti a scrutinio segreto dalla maggioranza assoluta dell'assemblea.

# Articolo n. 17
# Le riunioni

Le riunioni sono convocate tramite invito del Presidente, il quale stabilisce il luogo la data, il giorno, e l'orario. Nel corso di tutte le riunioni, la manifestazione della volontà del singolo membro avrà luogo per alzata di mano e con appello nominale. La Consulta Giovanile si riunirà almeno una volta al mese.

La comunicazione all'assemblea in via ordinaria deve essere comunicata ai membri della Consulta Giovanile, almeno tre giorni prima dell'assemblea stessa. E' consentita la convocazione in via straordinaria dell'assemblea stessa, tramite qualsiasi mezzo di comunicazione posseduto dal Comune (telefono, telegrafo, posta elettronica, radio amatoriale, etc...), 24 ore prima.

## Titolo V – Norme finali

### Articolo n. 18
### La procedura di revisione dello Statuto

Al fine di procedere ad una revisione dello Statuto, è necessaria una preventiva richiesta di revisione, che deve essere votata con parere favorevole da 2/3 dei membri della Consulta Giovanile riuniti in assemblea.

## Articolo n. 19
## Il rinnovo dei membri della Consulta Giovanile

Il rinnovo dei membri della Consulta Giovanile si avrà ogni due anni, i membri potranno rimanere in carica fino al compimento del 28° anno di età.

# STATUTO CONSULTA GIOVANILE ACICASTELLO (RIFORMA)
## Delibera Consiliare n.62 del 09.08.2016

### Titolo I – Principi generali
### Art. n. 1 - Principi generali

La Consulta Giovanile è un'istituzione democratica autonoma, non violenta, multietnica, antirazzista, ambientalista, di impegno per le libertà civili e senza fini di lucro.

### Art. n. 2 - Scopi, finalità e modalità d'azione

La Consulta Giovanile: si impegna ad affermare e tutelare i diritti della comunità giovanile castellese; opera per la promozione del progresso civile, culturale e formativo della comunità; fonda la sua azione sul rispetto della persona, dell'ambiente, sulla pluralità di idee e sulla solidarietà; rifiuta e ripudia la violenza come strumento per il raggiungimento delle proprie finalità e/o come risoluzione dei conflitti o controversie; si pone come strumento di garanzia per una reale partecipazione della comunità giovanile alla

18

vita amministrativa castellese, attribuendosi il compito di individuare e propone iniziative in favore dei giovani; si impegni a tutelare la persona delle ragazze e dei ragazzi contro ogni forma di violenza e sopruso, perseguendo il bene comune, la pace fra i popoli, la democrazia; nel rispetto dei valori etici della comunità civile internazionale; informa le sue attività a criteri di democrazia, di efficacia, di efficienza e di pubblicità.

## Titolo II – Diritti e doveri dei membri

## Art. n. 3 - Status di membro della Consulta Giovanile

Della Consulta Giovanile, possono fare parte di giovani di età compresa tra i 15 e i 29 anni, residenti nel Comune di Aci Castello, che siano rappresentanti di associazioni, organizzazioni di volontariato, associazioni sindacali o professionali, enti, istituzioni, che svolgano attività o abbiano finalità riferite allo specifico settore giovanile, con almeno 10 membri iscritti, con i requisiti di età sopra indicati.

Le associazioni, organizzazioni di volontariato, le associazioni sindacali o professionali, gli enti, le istituzioni che hanno i requisiti possono nominare al massimo un componente.

Membro della Consulta Giovanile, può essere anche un rappresentante di gruppi o aggregazioni accreditati nel territorio e di fatto riconosciuti.

## Art. n. 4 - I diritti dei membri

I membri della Consulta Giovanile hanno il diritto:

a) di partecipare, rispettando le norme previste, a tutte le attività promosse dalla Consulta Giovanile;

b) di manifestare la loro volontà nelle forme descritte dal presente Statuto;

## Art. n. 5 - I doveri dei membri

I membri della Consulta Giovanile sono tenuti a:

a) osservare e rispettare fedelmente lo Statuto della Consulta Giovanile;

b) far conoscere ed affermare gli scopi dell'istituzione e contribuire a definirne ed a realizzarne i programmi;

c) essere solidali con i membri della Consulta Giovanile e con l'intera comunità giovanile;

d) osservare e rispettare lo Statuto Comunale.

## Art. n. 6 - Membri eletti a cariche

Tutti i membri sono tenuti a rispettare le decisioni della Consulta Giovanile, espressa mediante procedure come da Statuto.

I membri eletti a cariche rappresentative all'interno della Consulta Giovanile, sono tenuti ad informare la stessa, riunita in assemblea, riguardo al lavoro svolto nell'ambito delle rispettive cariche.

Il mancato rispetto delle decisioni della Consulta Giovanile, comporterà una mozione di sfiducia, da portare in discussione all'interno dell'assemblea.

## Art. n. 7 - Allontanamento del membro

Il membro che si assenta ingiustificatamente a tre sedute consecutive e che dimostrerà scarsa partecipazione alle iniziative della Consulta Giovanile, incorrerà in una sospensione temporanea che deve essere ratificata dalla maggioranza assoluta dell'assemblea.

I membri sospesi perdono il diritto al voto per il periodo di sospensione, e lo riacquistano alla prima presenza successiva.

# Titolo III – Organizzazione della Consulta Giovanile

## Art. n. 8 - Organi e uffici

Sono organi della Consulta Giovanile: l'assemblea, cioè l'organo interno alla Consulta Giovanile composta dai singoli membri; l'ufficio di presidenza, composto dal Presidente, da un Vice Presidente, da un Segretario, dall'Assessore alle Politiche Giovanili e dal Presidente di Commissione Consiliare con delega alle Politiche Giovanili.

La Consulta Giovanile è validamente costituita con la presenza della metà più uno dei suoi membri aventi diritto al voto.

## Art. n. 9 - Ufficio di Presidenza della Consulta Giovanile

Il Presidente rappresenta l'unità della Consulta dei Giovani e svolge le seguenti mansioni: convoca la Consulta Giovanile, ed unitamente al Vice Presidente, al Segretario ed all'Assessore, stabilisce l'ordine del Giorno, anche su richiesta sottoscritta da almeno 1/3 dei suoi membri; presiede e coordina i lavori della Consulta Giovanile, con diritto al voto; si avvale della collaborazione di un Vice Presidente e di un Segretario eletti dalla Consulta Giovanile; propone alla Giunta e/o al Consiglio Comunale le iniziative approvate in seno alla Consulta Giovanile.

L'assessore alle Politiche Giovanili può proporre integrazioni dell'O.d.G. della Consulta, può richiedere la convocazione della Consulta, può delegare l'iscrizione all'O.d.G. di materie non di competenza della Consulta. Esercita una generale attività di coordinamento con Sindaco e Giunta Municipale.

Il Vice Presidente collabora col Presidente e svolge le sue funzioni in caso di sua assenza o in caso di convocazione straordinaria per dimissioni del Presidente o di mozione di sfiducia al Presidente.

Il Segretario collabora con il Presidente e redige il verbale di ogni singola riunione e registra assenze e presenze dei membri.

L'Ufficio di Presidenza collabora con l'Assessore alle Politiche Giovanili del Comune al fine di dialogare con la Giunta e col Consiglio Comunale.

L'Ufficio di Presidenza è tenuto a presentare per iscritto ogni anno relazione sulla attività svolta all'Assessore alle Politiche Giovanili.

# Art. n. 10 - Elezioni dell'Ufficio di Presidenza della Consulta Giovanile

Presidente, Vice Presidente e Segretario vengono eletti dalla maggioranza assoluta dei membri della Consulta Giovanile riunita in assemblea. La votazione avviene a scrutinio segreto.

# Art. n. 11 - Dimissioni dei componenti dell'Ufficio di Presidenza

Le eventuali dimissioni del Presidente, del Vice Presidente e del Segretario devono essere comunicate all'Assessore delle Politiche Giovanili del Comune, e sottoposte alla ratifica dell'assemblea riunita in convocazione straordinaria, non oltre dieci giorni dalla data della comunicazione.

Nella stessa seduta si procederà all'elezione di un nuovo Presidente o Vice Presidente o Segretario. Il componente dell'Ufficio di Presidenza dimissionario resta in carica fino alla sua surroga.

## Art. n. 12 - Mozione di sfiducia dei componenti dell'Ufficio di Presidenza

I membri della Consulta Giovanile che individuassero nel Presidente o nel Vice Presidente o nel Segretario comportamenti non conformi al presente Statuto, o che non fossero soddisfatti del suo operato, hanno facoltà di presentare mozione di sfiducia.

La mozione di sfiducia è ammissibile solo se presentata da almeno 2/3 dei membri della Consulta Giovanile riuniti in assemblea. La mozione sarà accolta se avrà i voti della maggioranza assoluta dei membri.

In questo caso chi presiede la seduta dichiara decaduto il Presidente o il Vice Presidente o il Segretario, e nell'ambito della stessa seduta, si procederà all'elezione di un nuovo Presidente o di Vice Presidente o di Segretario da parte dell'assemblea.

L'assemblea delibera a maggioranza del cinquanta percento più uno dei sui membri ai sensi dell'art. 10.

## Art. n. 13 - Gruppi di lavoro

All'interno della Consulta Giovanile, sono costituiti i Gruppi di lavoro, composti da tre o più membri per libera adesione. Il numero dei componenti deve essere dispari.

I Gruppi di lavoro, sviluppano progetti ed iniziative su temi specifici, che successivamente saranno sottoposti all'approvazione dell'assemblea.

Le proposte dei Gruppi di lavoro, saranno trasmesse al Presidente che provvederà ad inserirle all'ordine del giorno. I progetti, deliberati e finanziati dall'Amministrazione comunale, potranno essere curati e realizzati direttamente dalle Commissioni di lavoro espresse dalla Consulta Giovanile.

Per ogni mandato l'Assemblea stabilisce il numero di Gruppi di lavoro da organizzare, affidando a questi competenze dettagliate entro i limiti dell'art. 2 di questo Statuto, oppure può confermare le disposizioni in argomento del mandato precedente.

## Art. n. 14 - Forum giovanile

La Consulta Giovanile, indice sedute aperte denominate Forum giovanili, cui possono partecipare tutti i giovani residenti nel Comune. Il Forum giovanile sarà indetto almeno due volte l'anno.

Proposte e richieste di interventi avanzate da singoli giovani dovranno essere comunicate almeno tre giorni prima al Presidente della Consulta Giovanile per una ordinata programmazione dei lavori del Forum giovanile.

Eventuali proposte e richieste di interventi pervenute nel corso dei lavori, potranno essere accolte e aggiunte in ordine cronologico al calendario degli interventi preordinato. I forum potranno essere indetti anche dall'Assessore alle Politiche Giovanili.

## Art. n. 15 – Operatività

La Consulta Giovanile può curare la redazione, la relazione, la pubblicazione e la distribuzione di stampa e materiali periodici o monografici.

Può svolgere, nel rispetto delle leggi vigenti e delle modalità proprie del presente Statuto, qualsiasi tipo di attività ritenga utile ed opportuna per il raggiungimento delle proprie finalità.

La Consulta Giovanile, ha sede presso il Palazzo del Comune di Acicastello, il quale fornisce anche i mezzi per il servizio di segreteria della Consulta Giovanile stessa, per i seguenti compiti: compilare ed aggiornare l'elenco dei nominativi dei membri della Consulta Giovanile; curare la convocazione della Consulta Giovanile e del Forum giovanile; redigere i verbali della Consulta Giovanile.

# Art. n. 16 - Cooperazione

La Consulta Giovanile, si riserva di impegnare i mezzi e le strutture proprie per favorire le iniziative di cooperazione, di mutuo sostegno e/o di scambio con organizzazioni, enti ed associazioni locali, nazionali ed internazionali, operanti con modalità e finalità concordi alle proprie.

Qualsiasi accordo di cooperazione deve essere espressamente ratificato dalla maggioranza assoluta membri in assemblea. La Consulta Giovanile può designare suoi rappresentanti in seno ad organismi esterni.

Tali rappresentanti saranno eletti a scrutinio segreto dalla maggioranza assoluta dell'assemblea.

## Art. n. 17 - Le riunioni della Consulta Giovanile

Le riunioni sono convocate tramite invito del Presidente, il quale stabilisce il luogo la data, il giorno, e l'orario. Nel corso di tutte le riunioni, la manifestazione della volontà del singolo membro avrà luogo per alzata di mano e con appello nominale.

La convocazione dell'assemblea in via ordinaria deve essere comunicata ai membri della Consulta Giovanile, almeno tre giorni prima della seduta.

E' consentita la convocazione in via straordinaria con comunicazione da avvenire almeno 24 ore prima.

## Titolo V – Norme finali

## Art. n. 18 - La procedura di revisione dello Statuto

Al fine di procedere ad una revisione dello Statuto, è necessaria una preventiva richiesta di revisione, che deve essere votata con parere favorevole da 2/3 dei membri della Consulta Giovanile riuniti in assemblea.

## Art. n. 19 - Il rinnovo dei membri della Consulta Giovanile

Il rinnovo dei membri della Consulta Giovanile si avrà ogni due anni, i membri potranno rimanere in carica fino al termine del 29° anno di età.

## Art. n. 20 - Norma transitoria

Le norme del presente statuto hanno effetto dalla scadenza naturale degli organi attualmente in carica.

# ORDINI DEL GIORNO DELLE CONVOCAZIONI E DELLE CONFERENZE

1° - 18/03/2014 - Insediamento ed Accreditamento; Elezione Vice-Presidente e Segretario; Varie ed eventuali.

2° - 02/12/2014 - Verifica eventuali impedimenti ed incompatibilità dei componenti insediati; Ammissione nuovi componenti accreditati, a seguito dell'Avviso pubblico del 18 Novembre 2014; Costituzione Commissioni di lavoro ed elezione dei responsabili; Organizzazione calendario delle attività e degli incontri; Varie ed eventuali.

3° - 16/12/2014 - Approvazione verbali della prima e della seconda Convocazione; Valutazione dei progetti di "Logo Ufficiale" e conseguente votazione; Integrazione dei Gruppi di Lavoro da parte dei membri assenti alla Convocazione del 2 Dicembre 2014; Individuazione, selezione ed assegnazione progetti ai Gruppi di Lavoro; Registrazione dei membri supplenti, aggiornamento dati anagrafici e contatti dei membri, verifica completezza e regolarità delle adesioni ed eventuale esclusione delle domande d'iscrizione incomplete o irregolari; Calendarizzazione prossimi incontri; Varie ed eventuali.

4° - **20/01/2015** - Individuazione del criterio di designazione del sostituto Segretario; Valutazione delle modifiche al "Logo Ufficiale" e conseguente votazione; Votazione dei progetti elaborati dai Gruppi di Lavoro, tra cui Revisione dello Statuto della Consulta Giovanile; Calendarizzazione prossimi incontri; Varie ed eventuali.

5° - **03/02/2015** - Votazione sulla proposta di revisione dello Statuto della Consulta Giovanile; Votazione sulle proposte di progetti delle Commissioni di lavoro; Approvazione dei verbali della terza e della quarta seduta; Calendarizzazione prossimi incontri; Varie ed eventuali.

6° - **10/02/2015** - Resoconto dell'Ufficio di Presidenza della Consulta Giovanile sulla ricognizione formale delle adesioni delle associazioni assenti; Votazione sulle proposte di organizzazione dei Forum Giovanili (ex art. 14 S.C.G.) e fissazione calendario;

Calendarizzazione prossimi incontri; Varie ed eventuali.

7° - **03/03/2015** - Resoconto dell'Ufficio di Presidenza della Consulta Giovanile sulla ricognizione formale delle adesioni delle associazioni assenti; Audizione dei Dirigenti Scolastici degli istituti del Comune di Aci Castello circa l'organizzazione del Forum Giovanile presso di essi; Assegnazione di progetti da parte del Consiglio Comunale alla 4° Commissione della Consulta Giovanile; Calendarizzazione prossimi incontri; Varie ed eventuali.

8° - **17/03/2015** - Proposta di Forum Giovanile (ex art. 14 S.C.G.) – Referente G. D'Urso; Proposta di Evento presso I.C.S. "Verga-Falcone" – Referente V. Spoto; Resoconto tavolo bilaterale Consiglio Comunale & Consulta Giovanile sull'evento "Festa Medievale"; Approvazione verbali nn° 5, 6 e 7; Calendarizzazione prossimi incontri; Varie ed eventuali.

9° - **08/04/2015** - Forum Giovanile della Consulta Giovanile di Aci Castello, Saluto dell'Assessore alle Politiche Giovanili Dott. Ass.

Gisella Patanè; Presentazione della Consulta Giovanile ed esposizione dei lavori correnti da parte di Graziano D'Urso; Intervento in materia di "Impegno Sociale per gli altri e per se stessi" ad opera di Enrico Grasso; Intervento in materia di "Importanza nella società del volontariato per una cultura della solidarietà" ad opera di Giuseppina Patané; Intervento in materia di esperienza nel Servizio Civile ad opera della Psicologa Dott.ssa Maria Concetta Vadalà; Presentazione delle associazioni del territorio che si occupano di Volontariato; Dibattito aperto; Conclusione della discussione e saluti conclusivi.

**10° - 28/04/2015 -** Proposta di Evento Artistico-Musicale – Referente A. Grasso; Responso del dirigente scolastico per Evento presso I.C.S. "Verga-Falcone"; Resoconto tavolo bilaterale Consiglio Comunale & Consulta Giovanile sull'evento "Festa Medievale"; Calendarizzazione prossimi incontri; Varie ed eventuali.

**11° - 26/05/2015 -** Proposta di Evento Artistico-Musicale – Referente A. Grasso; Preventivo spese per evento "Festa Medievale", ripristino dei lavori; Organizzazione 2° Forum Giovanile (Tema, Giorno,

Luogo, Ospiti, etc.); Calendarizzazione prossimi incontri; Varie ed eventuali.

**12° - 07/07/2015** - Proposta di Evento Artistico-Musicale – Referente A. Grasso; Resoconto attività della Consulta Giovanile negli ultimi 12 mesi di lavoro; Organizzazione 2° Forum Giovanile (Tema, Giorno, Luogo, Ospiti, etc.); Calendarizzazione incontri di Settembre; Varie ed eventuali.

**13° - 15/09/2015** - Proposta di Evento Artistico-Musicale – Referente A. Grasso; Allestimento organizzazione del 2° Forum Giovanile "Diritti Civili"; Organizzazione "Giornata dello Sport"; Creazione "Albo delle Associazioni"; Audizione Presidente 7° Commissione CC; Calendarizzazione prossimi incontri; Varie ed eventuali.

**14° - 17/11/2015** - Forum Giovanile della Consulta Giovanile di Aci Castello, Saluto dell'Assessore alle Politiche Giovanili Dott. Ass. Gisella Patanè; Presentazione degli ospiti, tecnici invitati al dibattito; Presentazione della Consulta Giovanile ed esposizione dei lavori correnti da parte di Graziano D'Urso; segue intervento in materia di "Unioni Civili"; Intervento in materia di "Cittadinanza ed Immigrazione" ad opera di Antonio Castorina; intervento in materia di "Adozioni per i Single" ad opera di Giuseppina Patané; Intervento in materia di "Eutanasia e Testamento Biologico" ad opera di Loriana Maria D'Urso; Dibattito aperto; Conclusione della discussione e saluti conclusivi.

15° - **15/03/2016** - Referendum sulle Trivelle del 17 Aprile: oggetto ed implicazioni; Funzionamento dell'Albo delle Associazioni; Resoconto di Fine Mandato – "Biennio 2014-2016" Consulta Giovanile; Calendarizzazione prossimi incontri; Varie ed eventuali.

16° - **12/04/2016** - Partecipazine all'incontro "Guardiamoci intorno" organizzato dall'Assessore alle Politiche Giovanili e dal Presidente della Consulta Giovanile di Acireale, Michele Greco.

17° - **03/05/2016** - Esposizione all'Assemblea dei temi trattati alla Tavola Rotonda "Guardiamoci Intorno" del 12 Aprile scorso, con relazione sui punti affrontati nella giornata; Esposizione all'Assemblea del costituendo progetto della "Consulta delle Consulte", con approfondimento sul disegno di funzionamento, modalità di collaborazione e

35

utilità; Preparazione ed organizzazione dell'incontro costitutivo, da tenersi potenzialmente nel nostro Comune, del progetto "Consulta delle Consulte" di cui sopra; Varie ed Eventuali.

**18° - 24/05/2016 -** Saluto dell'Assessore alle Politiche Giovanili Dott.ssa Gisella Patané e del Vice-Presidente della Consulta Giovanile di Aci Castello Graziano D'Urso; Introduzione del tema principale con presentazione delle proposte di Statuto; Apertura del dibattito, con interventi degli Assessori alle Politiche Giovanili e dei Presidenti delle Consulte Giovanili dei Comuni presenti; Varie ed eventuali.

**19° - 17/11/2016 -** Cosa è una Consulta Giovanile e come funziona" è stato organizzato dall'Assessore alle Politiche Giovanili del Comune etneo Maria Assunta Vecchio.

**20° - 07/02/2017 -** Costituzione assemblea, elezione ufficio di presidenza (Presidente, Vice Presidente, Segretario), formazione dei gruppi di lavoro.

**21° - 14/03/2017 -** Calendarizzazione Prossimi Incontri della Consulta Giovanile; Approvazione

Verbale N.1 del 7 Febbraio 2017; Ratifica dei Documenti stilati in seno al 2° e 3° incontro della Rete Etnea delle Consulte Giovanili tenuti nelle date del 24 Maggio 2016 (in Acicastello) e 17 Novembre 2016 (in Santa Venerina) in ottemperanza all'Art. 16, 2° comma della Delibera del Consiglio Comunale n. 62 del 2016; Richiesta all'Amministrazione di affidamento locali di proprietà comunale per il biennio 2017-2018 in luogo di sede operativa stabile della Consulta Giovanile per il disimpegno dei propri scopi statutari; Istituzione del fondo cassa della Consulta Giovanile in ossequio agli Artt. 1 e 15, 2° comma della Delibera del Consiglio Comunale n. 62 del 2016; Costituzione dei gruppi di lavoro con attribuzioni di competenze in ottemperanza all'Art. 13 della Delibera del Consiglio Comunale n. 62 del 2016; Varie ed eventuali.

**22° - 11/04/2017** - Calendarizzazione Prossimi Incontri della Consulta Giovanile; Approvazione Verbale N.2 del 14 Marzo 2017; Assegnazione membri dell'Assemblea ai Gruppi di Lavoro costituiti alla seduta del 14 Marzo 2017; Definizione Argomento 1° Forum Giovanile ed Organizzazione Programma; Definizione Argomento 4° Seduta della Rete Etnea delle Consulte; Varie ed eventuali.

**23°** - **09/05/2017** - Saluto dell'Assessore alle Politiche Giovanili, del Presidente della Consulta Giovanile e delle personalità intervenute; Inizio della discussione con gli interventi dei membri della Consulta Giovanile: Peppino Impastato: La mafia siciliana, la lotta alla criminalità organizzata, il fenomeno mafioso in Europa e nel Mondo; Aldo Moro: Le brigate rosse, il terrorismo italiano ed internazionale, le vittime di Aci Castello; Dichiarazione di Schuman: anniversario europeo della pace e dell'integrazione; pace internazionale e sociale, lotta alla xenofobia e agli estremismi; Apertura della discussione e dibattito, trattazione delle proposte, conclusioni; Varie ed eventuali.

**24°** - **17/03/2018** - 157° Anniversario dell'Unità d'Italia: Aci Castello tra Storia e Memoria; Programmazione attività culturale e artistica stagione estiva; Resoconto attività Consulta Giovanile anno 2017; Calendarizzazione prossimi incontri; Varie ed eventuali.

# NOTE DELL'UFFICIO DI PRESIDENZA

## 1° Forum Giovanile – 08/04/2015

Con entusiasmo e soddisfazione si conclude la prima esperienza pubblica in forma di dibattito organizzata dall'Assemblea della Consulta Giovanile: il primo forum con tema dedicato al volontariato ed all'associazionismo, tenuto a Villa Fortuna ad Acitrezza, Mercoledì 8 Aprile 2015 ore 17.00.

Hanno partecipato, oltre ai membri della Consulta Giovanile, alcuni giovani del territorio, membri di organismi di volontariato e rappresentanti del consiglio comunale. L'evento, aperto dall'Assessore **Gisella Patanè** e moderato dal Vice Presidente **Graziano D'Urso**, ha coinvolto i giovani in un dibattito proficuo ed edificante, sia sotto il profilo della condivisione delle esperienze e delle conoscenze, sia in prospettiva futura di prossime collaborazioni. I temi approfonditi da **Enrico Grasso, Giusi Patané** e **Maria Grazia Vadalà** in tema di impegno sociale come aiuto del prossimo e crescita personale, sul piano di una cultura di solidarietà e nell'esperienza del servizio civile, sono stati accompagnati dagli interventi di **Anna Maria Finocchiaro** (del personale della Caritas parrocchiale di Acitrezza), di **Anna Valastro** (di Creattiva), di **Antonio Castorina** (del Centro Studi Acitrezza), di **Valerio Saitta** (di TV Acicastello), di **Massimo Pellegrino** (della Pro Loco di Acicastello), che hanno dato uno spettro completo delle iniziative portate avanti nel Comune dalle associazioni. Gli interventi dei consiglieri **Maurizio Marino** e **Antonio Bonaccorso** hanno corredato l'incontro con considerazioni ed osservazioni lodevoli del lavoro della Consulta, e incoraggianti per i futuri progetti.

I partecipanti all'incontro, piacevolmente stimolati dallo scambio di esperienze delle varie realtà, hanno espresso da subito parere favorevole alla organizzazione di altri eventi pubblici, nonché collaborazioni fra associazioni, al fine di mettere in pratica la sintesi delle varie conoscenze e competenze maturate in anni di volontariato nelle diverse associazioni del Comune.

## 2° Forum Giovanile – 17/11/2015

Interesse partecipato, acceso dibattito e viva attenzione per i punti all'O.d.G del secondo incontro del Forum della Consulta Giovanile di Aci Castello.

# Operato della Consulta Giovanile di Acicastello dal 2014 al 2018
Graziano D'Urso

A sviluppare i temi dei Diritti Civili di questo incontro sono stati *Giuseppina Patané* (Adozioni per chi non ha contratto matrimonio e per le coppie di fatto), *Antonio Castorina* (Cittadinanza, Immigrazione ed Integrazione), *Loriana Maria D'Urso* (Bioetica, Eutanasia e Testamento Biologico), e *Graziano D'Urso* (Unioni Civili, Formazioni Sociali Specifiche, Matrimonio nell'Unione Europea).

A presiedere l'incontro l'Assessore alle Politiche Giovanili, Dott.ssa *Gisella Patané*, a dirigere i lavori il Vice Presidente *Graziano D'Urso*.

Sono intervenuti, oltre ad alcuni membri della Consulta Giovanile, fra cui *Mario Valastro, Mauro Sciuto, Maria Tropea*, anche i Consiglieri Comunali *Antonio Bonaccorso* e *Maurizio Marino*.

Il dibattito, proficuo e arricchente, ha esteso i temi anche alla proposta del Registro delle Unioni Civili avanzata dal Consigliere Bonaccorso al nostro Consiglio Comunale, nonché all'iniziativa Regionale e non sono mancate delle comparazioni con i sistemi adottati dalle altre Regioni d'Italia e d'Europa, oltre ad uno sguardo sull'attuale orientamento legislativo e giurisprudenziale italiano sia in tema di unione civile che in tema di adozione ed affido; si è toccato il tema della donazione degli Organi *post mortem*, della disposizione in vita del proprio trattamento terapeutico, e degli altri argomenti connessi.

Ogni tema ha visto con piacere la condivisione delle idee e dei pareri dei partecipanti all'Evento, le osservazioni e soprattutto le testimonianze di esperienze vissute in prima persona, nei contesti sociali in cui ci si è trovato ad operare.

L'incontro, iniziato alle ore 17.00 si è concluso alle 19.30, quando tutti i temi sono stati affrontati ed argomentati col concentrato coinvolgimento dell'Assemblea.

## Conferenza "La Rete delle Consulte" – 24/05/2016

Martedì 24 Maggio 2016 dalle ore 18.00 alle ore 20.45 presso i locali di Villa Fortuna ad Aci Trezza si è svolta la conferenza "La Rete delle Consulte", il secondo appuntamento con tema l'avvicinamento delle Consulte Giovanili dei Comuni acesi, jonici ed etnei.

L'incontro, moderato dal Vice Presidente della Consulta Giovanile di Aci Castello Graziano D'Urso, ha visto relatori l'Assessore alle Politiche Giovanili e Presidente della Consulta Giovanile di Aci Castello Gisella Patané, l'Assessore alle Politiche Giovanili di Acireale Giuseppe Sardo, la responsabile dell'area di competenza delle pp.gg. dell'Ufficio di Acireale Dott.ssa Rubino. Presente a rappresentare il Consiglio Comunale di Aci Castello il Presidente della Settima Commissione Santo Grasso. Sono intervenuti gli Assessori al ramo dei Comuni di San Giovanni La Punta, Pedara, Santa Venerina e Aci Catena e i Presidenti delle Consulte Giovanili di Valverde, Zafferana, Misterbianco, Acireale oltre a diversi giovani, membri delle varie consulte. A seguito dei saluti introduttivi del Vice Presidente D'Urso, dell'Assessore Patané, e dell'Assessore Sardo, il moderatore ha toccato i punti all'ordine del giorno della conferenza con una concisa panoramica sulla precedente riunione, un'attenta osservazione dei motivi e gli scopi della riunione corrente, l'esposizione dei risultati di una ricognizione sugli esperimenti provinciali bellunese e siracusano e del modello regionale sardo della rete delle consulte, la postulazione del quesito circa la dimensione ed i confini territoriali del progetto.

Dalle risposte dei relatori, e dagli interventi dei partecipanti, è emerso con forza un elenco programmatico di orientamento di dieci punti fermi che si stagliano a guida per la stesura del testo statutario:

1.     La delimitazione territoriale - almeno nella fase embrionale del progetto - ai Comuni

dell'*area etnea* (acese, pedemontana e jonica) dell'ex Provincia di Catania;

2.     L'individuazione     sottoscritta     della *disponibilità* delle Consulte (dei Comuni di cui al punto 1) che intendono aderire ufficialmente al progetto, propedeutica alla *stipula* del protocollo d'intesa;

3.     La sollecitazione dei Comuni privi di una Consulta Giovanile costituita a provvedere alla formazione della stessa e alla convocazione dei membri, attraverso un percorso di *sensibilizzazione* alla politica giovanile che coinvolga giovani, adulti e soprattutto pubblici amministratori e consiglieri comunali, anche attraverso l'allestimento di Conferenze omologhe all'uopo organizzate;

4.     La sollecitazione dei Comuni con una Consulta Giovanile inattiva o con mandato scaduto a provvedere alla *riattivazione ed al rinnovo* dei membri della stessa, nell'ottica del rispetto dei principi di pariordinazione agli altri Comuni;

5.     L'individuazione     di     *principi fondamentali* (come democrazia interna, elegibilità del Presidente,     autoconvocabilità     dell'organo, individuazione di strumenti fattivi per la realizzazione delle iniziative e dei progetti, individuazione di strumenti di efficacia ed efficienza, etc.) che tutte le

consulte aderenti devono rispettare inserendoli nel proprio statuto interno, nell'ottica di un percorso comune di *armonizzazione*;

6. Il rispetto da parte di tutte le Consulte della *separazione* netta tra Gestione della Consulta Giovanile ed Incarico Politico, nonché di un rispetto del principio di rappresentatività e fiducia, nell'ottica di una reale *indipendenza* tra l'Amministrazione e il consesso dei giovani, nonché di una *naturale rappresentanza democratica,* comprendendo comunque l'adeguato dialogo da Consulta e Assessore al ramo;

7. Il riconoscimento della *autonomia* e della *diversità di funzionamento* (come regole elettorali, aderibilità, durata del mandato, età minima e massima di partecipazione, stabilità della sede, etc.) di ogni Consulta Giovanile per presenza associativa comunale, numero di abitanti, popolazione giovanile;

8. L'individuazione di scopi concreti e realizzabili di competenza della costituenda Rete, per garantirne l'utilità, l'efficacia e l'efficienza, nell'ottica di un percorso di *cooperazione, mutua assistenza e collaborazione*;

9. La stipula di un protocollo di intesa, con pochi ma essenziali punti, che delinei le regole fondamentali della costituenda Rete, con l'impegno di

presentare a chi di competenza regionale l'*istanza di riconoscimento* pubblico per il più precipuo dialogo con le istituzioni;

10.    L'impegno a portare avanti il progetto con *sedute periodiche* e iniziative utili per la efficacia dello stesso, e a far conoscere ai concittadini del proprio Comune, giovani e non, con la **diffusione delle notizie e delle informazioni,** della Formazione dell'Opera della Rete delle Consulte, nell'ottica del rispetto del principio di *pubblicità*.

Al termine della Conferenza, e nell'osservanza dei punti nn. 3 e 4, sono state previste le prossime due riunioni, a Santa Venerina e ad Aci Catena, per il proseguimento dei lavori; nonché una terza (punto 9) ad Acireale: questa per la sottoscrizione dello Statuto della Rete.


### III incontro "La Rete delle Consulte" – 17/11/2016

Giovedì 17 Novembre 2016 alle ore 17.30, presso i locali della Casa del Vendemmiatore nel Comune di Santa Venerina, si è tenuto il terzo incontro della Rete Etnea delle Consulte Giovanili "Guardiamoci Intorno". L'incontro dal tema "Cosa è una Consulta Giovanile e come funziona" è stato organizzato dall'Assessore alle

Politiche Giovanili del Comune etneo Maria Assunta Vecchio, con la partecipazione della figura tecnica della Dott.ssa Rubino del Comune di Acireale, dei giovani di Santa Venerina e dei rappresentanti delle varie consulte aderenti alla meritoria iniziativa.

Nella riunione dall'importante ruolo comparativo e formativo per i giovani e per le politiche giovanili, è stato analizzato lo statuto della Consulta locale ed i fatti inerenti alla prima formazione dell'organo consultivo quasi un decennio fa. Sono state avanzate proposte di aggiornamento e snellimento della carta al fine di rendere maggiormente funzionale lo strumento operativo e il consesso più efficace ed efficiente, agevolando l'aggregazione e la partecipazione.

La Consulta Giovanile di Aci Castello, nella persona del Vice Presidente uscente Graziano D'Urso, ha partecipato - assieme agli interventi del Comune di Acireale, Zafferana, Misterbianco, Aci Bonaccorsi ed altri - condividendo la propria esperienza di ricostituzione di un organo la cui attività al 2014 era interrotta da oltre cinque anni, di formazione di una serie di consuetudini e regole operazionali che colmassero le declamazioni lacunose dello statuto del '97, di campagna di aggiornamento, armonizzazione e razionalizzazione della Carta castellese (sfociata nella Delibera 62 del 2016), esprimendo linee guida che poi sono il comune pensiero formatosi in seno alla Rete dall'Aprile scorso, quando per la prima volta le Consulte si sono riunite a Capomulini, e consolidatosi con il decalogo pubblicato con il secondo incontro celebrato ad Acitrezza, a Villa Fortuna.

Nel dettaglio, collocandosi in armonia coi punti 5 e 6 del decalogo di Acitrezza sono risultati evidenti ed indispensabili i seguenti principi: 1) Il mandato della Consulta Giovanile non può essere vincolato dalla durata della consiliatura: una dipendenza simbiotica dei lavori di un organo consultivo avviato dal Consiglio Comunale porterebbe all'aberrante risultato di una interruzione illogica dei progressi; 2) La libertà di forma delle sedute e dell'agevole validità delle stesse per la miglior perpetrazione dei lavori, con riferimento sia ai luoghi di riunione e alle regole da applicare; 3) L'equilibrio tra Statuto (carta costitutiva indicante connotati fondamentali dell'organo, modificabile solo dal Consiglio Comunale con una procedura lenta e importante), comune grossomodo al grosso delle realtà locali (fatta eccezione per taluni elementi) e Regolamento (documento interno di regolazione di funzionamento nel dettaglio modificabile dalla stessa Assemblea giovanile sbrigativamente) calzante precipuamente alle esigenze del caso concreto.

Con l'auspicio e con lo sguardo volto alla proliferazione degli organi consultivi giovanili, la Rete si accinge a produrre nuovi risultati, mediante lo strumento del confronto e della condivisione delle esperienze, ringraziando l'organizzatrice della terza seduta e tutti gli intervenuti a Santa Venerina.

## Elezione del primo Presidente della Consulta Giovanile di Acicastello v- 07/02/2017

A vent'anni dalla creazione di una delle più antiche consulte giovanili della Sicilia, Martedì 7 Febbraio 2017 è stato eletto il primo Presidente dell'organo dei giovani del Comune di Aci Castello: **Graziano D'Urso.**

Già Vice Presidente nel mandato 2014 - 2016, D'Urso (26 anni) è stato eletto dall'Assemblea appena insediatasi assieme ai giovanissimi **Antonio Finocchiaro** (16 anni), in qualità di Vice Presidente, e **Giovanni D'Urso** (16 anni), in qualità di Segretario. Ciò è stato reso possibile dalla revisione dello Statuto della Consulta con la Delibera del Consiglio Comunale 62 del 2016 che ha colmato il deficit democratico abrogando il vecchio sistema (poiché nel ventennio appena trascorso la carica più rappresentativa del consesso era rivestita dall'Assessore al ramo) ed ha esteso in entrambe direzioni i limiti di età dei membri.

La seduta, presieduta dall'Assessore alle Politiche Giovanili Dott.ssa **Gisella Patané**, assistita alla segreteria dal **dott. Messina** verbalizzante, ha visto partecipanti, oltre ai sopracitati membri del nuovo ufficio di Presidenza (rispettivamente rappresentanti di CSA Cambiamento, Centro Studi Acitrezza e LibroForum Acitrezza), **Loriana D'Urso** per l'Associazione Italiana Donatori di Organi, Tessuti e Cellule - Gruppo Comunale di Aci Castello, **Antonio Grasso** per il Comitato Culturale Akis Live Music Project, **Mario Valastro** per l'A.P.D. Ciclope Acitrezza, **Antonio Castorina** per l'Associazione Stella Marina. Assente una sola associazione. Hanno partecipato all'incontro, senza diritto al voto, anche due rappresentanti degli Scout d'Europa - sezione di Aci Castello che hanno manifestato la volontà di aderire all'organo.

Interventi conclusivi sono stati quelli del Presidente dell'Associazione Culturale "Centro Studi Acitrezza" Antonio Castorina, che ha elogiato il lavoro del ufficio di presidenza e dell'assemblea uscenti per il poderoso lavoro di revisione della carta fondamentale e per le iniziative svolte, e del neo eletto Presidente della Consulta Graziano D'Urso, che, nel ringraziare gli intervenuti e i membri dell'assemblea, ha rivolto i suoi migliori auguri di buon lavoro ai giovanissimi Antonio Finocchiaro e Giovanni D'Urso per l'importante impegno di guida e servizio per l'organo dei Giovani di Aci Castello.

# VERBALI CONVOCAZIONI

## Verbale N°2 della riunione della Consulta Giovanile avvenuta in data 02/12/2014

A seguito convocazione del 19 Novembre n° p. 0021931 nella sala consiliare alle ore 16,00 del giorno 2 dicembre 2014 si è riunita la consulta giovanile nelle persone delegate dalle associazioni operanti nel territorio castellese.

Sono presenti su 35, n° 17 associazioni: Antonio Grasso per "Libro Forum Acitrezza"; Mariateresa Parisi per "Orchestra Galatea"; Alfio Grasso per "Lory School Dance"; Mario Valastro per "Confraternita S. Giovanni Battista"; Loriana D'Urso per "APD Ciclope Acitrezza"; Enrico Grasso per "CSA"; Sebastiano Patané per "SalvaiCiclisti Aci Castello"; Mauro Sciuto per "Body Music Catania"; Giuliana Cornaro per il "Movimento Cinque Stelle"; Natale Scalia per "ASD Sporting Aci Castello"; Valeria Spoto per "ASD Saturnia Aci Castello"; Giuliana Ventura per "L'Isola Che Non C'è"; Antonio Castorina per "Stella Marina"; Maria Tropea per "Uniti per il Lungomare Unito"; Antonio Strano per "CSC"; Anna Valastro per

"CreAttiva"; Graziano D'Urso per "CSA cambiamento".

È presente per l'Amministrazione l'Assessore alle Politiche Giovanili, Dott.ssa Gisella Patanè.

Apre i lavori l'Ass.re Gisella Patanè e procede a leggere ed approfondire l'o.d.g., ponendo maggiore attenzione sul ruolo delle commissioni di lavoro.

Si avviano i lavori con l'ammissione dei nuovi componenti accreditati, a seguito dell'Avviso pubblico del 18 Novembre 2014, che riapriva i termini per le adesioni alla Consulta giovanile con scadenza 1 Dicembre 2014.

Le richieste di adesione presentate sono 12. Vengono accolte 11 richieste, poiché il componente designato dell'associazione ACLI Anni Verdi non risulta essere residente nel Comune di Aci Castello.

Si continua con la verifica di eventuali impedimenti e incompatibilità dei componenti già insediati, visti i mesi decorsi dall'ultima riunione della consulta. Risultano incompatibili ad essere membri della Consulta Giovanile per aver superato il limite d'età (28 anni): Musmeci Giuseppe, rappresentante titolare dell'ass. Amico Mondo; Miraglia Sergio, rappresentante titolare dell'ass. Il Paese Che Vogliamo; Basile Salvatore Dario, rappresentante titolare dell'ass. Cult. Sportiva Deo Iuvante; Saitta Valerio e Seminara

Lucia, entrambi rappresentanti dell'ass. comunitaria TV Aci Castello. Quest'ultima ass.ne non sarà quindi considerata tra i membri validi della Consulta Giovanile.

Il Presidente della Consulta propone come data ultima entro la quale inviare le rettifiche delle adesioni incomplete od errate il 15 Dicembre 2014. La proposta viene accolta all'unanimità.

Si procede con la costituzione delle Commissioni di lavoro ed elezione dei rispettivi responsabili:

- Prima Commissione di lavoro (Statuto e Regolamenti, Trasparenza, Legalità, Controllo, Servizi informatici, Comunicazione e Social media, Rapporti con il consiglio comunale): Giuliana Cornaro, Sebastiano Patanè, Graziano D'Urso, Anna Valastro, Mauro Sciuto (5).

Si candida a responsabile della I Commissione Graziano D'Urso, il quale viene votato all'unanimità.

Si candida a vice responsabile della I Commissione Giuliana Cornaro, la quale viene votata all'unanimità.

- Seconda Commissione di lavoro (Sport, Impianti Sportivi, Cultura, Beni Culturali, Biblioteca, Turismo, Spettacolo, Rapporti con gli enti artistici e culturali): Antonio Strano, Alfio Grasso, Mariateresa Parisi,

Antonio Grasso, Mario Valastro, Loriana D'Urso, Graziano D'Urso, Mauro Sciuto, Anna Valastro (9).

Si candida a responsabile della II Commissione Alfio Grasso, il quale viene votato all'unanimità.

Si candida a vice responsabile della II Commissione Antonio Strano, il quale viene votato all'unanimità.

- Terza Commissione di lavoro (Ambiente, Ecologia, Mobilità, Sostenibilità, Verde Pubblico, Arredo Urbano, Tutela del territorio, Mare, Rapporti con l'Area Marina Protetta "Isole Ciclopi", Valorizzazione e riqualificazione spazi pubblici e luoghi di aggregazione, Protezione Civile): Giuliana Ventura, Maria Tropea, Anna Valastro, Giuliana Cornaro, Mauro Sciuto (5).

Si candida a responsabile della III Commissione Anna Valastro, la quale viene votata all'unanimità.

Si candida a vice responsabile della III Commissione Giuliana Ventura, la quale viene votata all'unanimità.

- Quarta Commissione di lavoro (Servizi sociali, Pubblica istruzione, Rapporti con gli istituti scolastici, Rapporti con l'università, Politiche Giovanili, Rapporto con il Consiglio comunale dei ragazzi, Pari Opportunità): Natale Scalia, Valeria Spoto, Antonio Castorina (3).

Si candida a responsabile della IV Commissione Valeria Spoto, la quale viene votata all'unanimità.

Si candida a vice responsabile della IV Commissione Natale Scalia, il quale viene votato all'unanimità.

- Quinta Commissione di lavoro (Ricerca finanziamenti e bandi, Progettazione, Politiche del Lavoro, Portale lavoro, Formazione professionale, Imprenditoria giovanile): Sebastiano Patanè, Antonio Castorina, Antonio Strano, Graziano D'Urso, Enrico Grasso (5).

Si candida a responsabile della V Commissione Sebastiano Patanè, il quale viene votato all'unanimità.

Si decide all'unanimità di riservare il ruolo di vice responsabile all'Ass. alle Politiche Giovanili, Dott.ssa Gisella Patanè, data l'importanza e la difficoltà del lavoro che quest'ultima commissione deve svolgere.

Sentiti i diversi pareri dei membri dell'assemblea, si fissa per giorno 16 Dicembre 2014 ore 17.30 la successiva riunione della Consulta Giovanile e si propone per il mese di Gennaio martedì 20 alle ore 17.30, data da confermare in occasione del prossimo incontro.

Intervengono ad augurare un buon lavoro alla consulta, esaltandone il ruolo propulsore all'interno della comunità, il Presidente della VII Commissione,

Santo Grasso, il Consigliere Marino ed il Consigliere Zappalà.

Conclusi i punti all'ordine del giorno, il Vicepresidente Graziano D'Urso espone l'esigenza di creare una pagina Facebook dove comunicare il lavoro svolto dalla Consulta, e la creazione di un logo della stessa. L'assemblea fissa, con una votazione all'unanimità, il termine ultimo entro il quale far pervenire le diverse proposte per il logo della consulta nella successiva riunione del 16 Dicembre.

Alle ore 18:00 si chiude la riunione della consulta. Letto, confermato e sottoscritto.

Aci Castello lì 02/12/2014

Letto, Confermato, Sottoscritto. Il Segretario della Consulta
Anna Valastro

**Verbale N.3 della riunione della Consulta Giovanile avvenuta in data 16/12/2014**

A seguito convocazione del 12/12/2014 Prot. n° 0023479, nella sala consiliare alle ore 17,30 del giorno 16 dicembre 2014 si è riunita la consulta giovanile nelle persone delegate dalle associazioni operanti nel territorio castellese.

Sono presenti su 36, n°14 associazioni: Anna Valastro per "CreAttiva"; Antonio Castorina per "Stella Marina"; Giuseppina Patané per "Federazione Scout d'Europa"; Mario Valastro per "Confraternita S. Giovanni Battista"; Graziano D'Urso per "CSA cambiamento"; Antonio Strano per "CSC"; Aleandro Castorina per "Akis Live Music Project"; Nicolaos Castorina per "CMR"; Maria Tropea per "Uniti per il Lungomare Unito"; Giuliana Patané per "Libro Forum Acitrezza"; Mariateresa Parisi per "Orchestra Galatea"; Giuliana Cornaro per il "Movimento Cinque Stelle"; Natale Scalia per "ASD Sporting Aci Castello"; Valeria Spoto per "ASD Saturnia Aci Castello";

È presente per l'Amministrazione l'Assessore alle Politiche Giovanili, Dott.ssa Gisella Patanè.

Alle 17,50 apre i lavori l'Ass.re Gisella Patanè ed, essendo a conoscenza della volontà da parte dell'ufficio di presidenza di modificare lo statuto vigente della consulta giovanile, illustra la propria opinione favorevole a tale modifica.

L'Ass.re Patanè esce dall'aula alle ore 18,00, causa impegni istituzionali in contemporanea alla riunione.

Come da ordine del giorno, viene data lettura ed in seguito vengono approvati i verbali delle due precedenti riunioni della Consulta Giovanile.

Si procede con il secondo punto all'ordine del giorno, la valutazione dei progetti di "Logo Ufficiale" e conseguente votazione. Vengono presentate 3 bozze da parte di CSA, CSA cambiamento ed Akis Live Music Project. Conseguentemente ad una votazione a scrutinio palese, si decide di lavorare sulla bozza presentata da CSA cambiamento. In qualità di grafici, si propongono di lavorare alle modifiche entro la successiva riunione Nicolaos Castorina, Giuliana Patanè e Mario Valastro.

Si continua con l'integrazione dei Gruppi di Lavoro da parte dei membri assenti al momento della costituzione dei suddetti. Aleandro Castorina viene inserito nel 4° gruppo, Giusi Patanè e Mario Valastro si inseriscono nel 3° gruppo, Natale Scalia e Giuliana Patanè nel 2° gruppo, Nicolaos Castorina nel 5°.

Si procede con l'individuazione, la selezione e l'assegnazione dei progetti ai Gruppi di Lavoro. Molte sono le idee e le proposte che si decide di rimandare allo sviluppo negli appropriati G.d.L., tra le quali le principali sono:

- G.d.L. n°1: Creazione pagina FB, modifica statuto della Consulta Giovanile;

- G.d.L. n°2: Festival delle Associazioni;
- G.d.L. n°3: Organizzazione da parte della C.G. di pulizie degli spazi pubblici;
- G.d.L. n°4: Ripristino sportello ERSU nel territorio del Comune, presso uno stabile in possesso dello stesso, con funzione di info point, orientamento ed aula studio.
- G.d.L. n°5: ricerca di fondi per finanziare i progetti, tramite bandi pubblici, donazioni di privati e autofinanziamento attraverso organizzazione di eventi.

Intervengono per dichiarare la propria opinione in merito alla modifica dello statuto della Consulta l'Ass.re Patanè ed, autorizzati dalla Consulta stessa, il Vicepresidente del Consiglio Comunale Tosto ed il Consigliere Bonaccorso. All'unanimità si mostrano favorevoli ad uno "svecchiamento" dello statuto.

Come da O.d.G. viene confermata la successiva convocazione per il 20 Gennaio 2015, ore 17.30 e proposta la convocazione di febbraio per martedì 10.

Terminati gli argomenti all'O.d.G., Antonio Castorina propone alla Consulta di dichiararsi contraria all'inserimento nel piano di alienazione di Villa Fortuna, in quanto questa costituisce l'unico luogo di aggregazione giovanile e per le associazioni nella frazione di Aci Trezza.

Essendo presenti i suddetti membri del Consiglio Comunale, rispettivamente appartenenti alla maggioranza ed all'opposizione e l'Ass.re al Bilancio Patané, si vota positivamente per l'ascolto di delucidazioni da parte di quest'ultimo sul caso.

Successivamente, con 13 voti favorevoli ed 1 astensione, si decide di rendere pubblica l'opinione contraria della C.G. in merito all'inserimento nel piano di alienazione di Villa Fortuna.

Alle 19.35 escono dall'aula Valeria Spoto e Mariateresa Parisi.

Come previsto dall'art. 7 dello statuto, la Consulta vota all'unanimità per la sospensione di n°3 convocazioni dei membri titolari di "Aci e Galatea" e "Il Paese Che Vogliamo", a causa di tre assenze consecutive.

La Consulta viene sciolta alle 19.50.

Letto, confermato e sottoscritto.

Aci Castello, lì 16/12/2014

Il Segretario della Consulta
Anna Valastro

## Verbale N.4 della Consulta Giovanile avvenuta in data 20/01/2015

A seguito convocazione del 12/01/2015 Prot. N°0000298, nella sala consiliare alle ore 17,30 del giorno 20 Gennaio 2015 si è riunita la Consulta Giovanile nelle persone delegate dalle associazioni operanti nel territorio castellese.

Sono presenti su 33, N° 21 Associazioni: Roberta De Luca per "CreAttiva"; Loriana D'Urso per "APD Ciclope Aci Trezza"; Antonio Castorina per "Stella Marina"; Giuseppina Patanè per "Federazione Scout d'Europa"; Mario Valastro per "Confraternita S. Giovanni Battista"; Graziano D'Urso per "CSA Cambiamento"; Antonio Strano per "CSC"; Aleandro Castorina per "Akis Live Music Project"; Alfio Grasso per "Lory School Dance"; Sebastiano Patanè per "SalvaiCiclisti Aci Castello"; Giuliana Cornaro per "Movimento Cinque Stelle"; Ernesto Bonnici per "Giovani PD"; Andrea Castorina per "Circolo Nautico Lachea"; Giuliana Patanè per "Libro Forum Aci Trezza"; Mauro Sciuto per "Body Music Catania"; Natale Scalia per "Sporting Club Aci Castello"; Valeria Spoto per "Saturnia Club Aci Castello"; Gisella Patanè per "Assessorato politiche giovanili"; Maria Tropea per "Uniti per il Lungomare Unito".

Alle ore 17.45 la Consulta è regolarmente costituita.

Apre i lavori l'Ass.re Gisella Patanè e procede a leggere e approfondire l'O.D.G. ponendo l'attenzione sull'individuazione del criterio di designazione del sostituto segretario. Viene candidata come sostituto segretario Roberta De Luca di "CreAttiva". Si decide all'unanimità di riservare il ruolo di Segretario a Roberta De Luca dell'Associazione CreAttiva.

Si prosegue con il secondo punto all'ordine del giorno, la valutazione delle modifiche al "Logo Ufficiale" e conseguente votazione. Vengono presentate due bozze da parte di Giuliana Patanè "Libro Forum Aci Trezza" (valore 2) e Mario Valastro per "Confraternita S. Giovanni Battista" (valore 1). I due membri espongono le rispettive proposte. Conseguentemente ad una votazione viene approvata la proposta di Giuliana Patanè con la maggioranza di voti contro tre voti per la proposta di Mario Valastro.

Si prosegue con il terzo punto all'ordine del giorno, votazione progetti elaborasti dai gruppi di lavoro, tra cui revisione dello statuto della consulta giovanile. Vengono presentate tre proposte: Giuliana Patanè (2° gruppo di lavoro) che prende la parola e pone come obiettivo la creazione di un Borgo Medievale nel periodo di Maggio presso la Piazza

Castello e Castello Normanno con durata un giorno. Prendono la parola Antonio Castorina, Giuliana Patanè e Graziano D'Urso.

Si prosegue con l'esposizione della seconda proposta da parte di Enrico Grasso (5° gruppo di lavoro) che prende la parola.

Viene esposta la terza proposta da parte di Alfio Grasso (2° gruppo di lavoro) che prende la parole e pone come obiettivo la creazione di un evento al fine di far esibire gli artisti di strada. Prende la parola Graziano D'urso che propone di svolgere l'evento, esposto precedentemente, a fine estate nella Piazza principale di Aci Castello.

Si decide all'unanimità di approvare le proposte di Enrico Grasso e Giuliana Patanè.

Prende la parola Antonio Strano e pone l'obiettivo di creare eventi in tutte le frazioni del Comune di Aci Castello. Prende la parola Graziano D'urso riguardo la revisione dello Statuto della Consulta Giovanile. Interviene il Presidente del Consiglio Comunale Carmelo Scandurra. D'Urso procede con la lettura dei commi 2, 3 ed 8.

Prendono la parola il Consigliere Antonio Bonaccorso e Graziano D'Urso.

Si procede con la votazione. Si decide all'unanimità di approvare le modifiche dello statuto. Un solo astenuto, Natale Scalia.

Come previsto dall'art. 7 dello statuto, la Consulta vota all'unanimità per la sospensione di n° 3 convocazioni dei membri titolari di "A.S.C Futuro Club", "Amico Mondo", "A.S.D agorà", A.S.D Mondial Sport Club", "Movimento "Uniti per Aci Castello"", "Butterfly Dance", "Amici di Trezza", "Deo Juvante", "UGIPI Unione Giovani Professionisti", "Circolo Acli Cannizzaro", "Aci Castello Risorse".

Sentiti i diversi pareri dei membri dell'Assemblea, si fissa per giorno 3 Febbraio 2015 ore 17.30 la successiva riunione della Consulta Giovanile.

Alle ore 19.29 entra in aula Nicolas Castorina per "CMR Comitato Roberto Rimini".

La Consulta viene sciolta alle ore 19.30.

Letto, Confermato, Sottoscritto.

Aci Castello, lì 20/01/2015

Il Segretario della Consulta
Roberta Marianna De Luca

## Verbale N°5 della Consulta Giovanile di Acicastello del 03/02/2015

A seguito convocazione del 20/01/2015 Prot. N°0001359, nella sala consiliare alle ore 17.21 del giorno 3 Febbraio 2015 si è riunita la Consulta Giovanile nelle persone delegate dalle associazioni operanti nel territorio castellese. Viene approvato dal presidente del Consiglio Comunale Carmelo Scandurra il Nulla Osta all'uso dell'aula consiliare per il seguente giorno: Martedi 3 febbraio ore 17.00.

Sono presenti su 22, N° 17 Associazioni: Roberta De Luca per "CreAttiva"; Antonio Castorina per "Stella Marina"; Giuseppina Patanè per "Federazione Scout d'Europa"; Mario Valastro per "Confraternita S. Giovanni Battista"; Graziano D'Urso per "CSA Cambiamento"; Antonio Strano per

"CSC"; Aleandro Castorina per "Akis Live Music Project"; Sebastiano Patanè per "SalvaiCiclisti Aci Castello"; Ernesto Bonnici per "Giovani PD"; Nicolas Castorina per "CMR Comitato Roberto Rimini";

Andrea Castorina "Circolo Nautico Lachea"; Giuliana Patanè per "Libro Forum Aci Trezza"; Mariateresa Parisi per "Orchestra Galatea"; Mauro Sciuto per "Body Music Catania"; Maria Tropea per "Uniti per il Lungomare Unito".

Apre i lavori il Vice Presidente Graziano D'Urso e procede a leggere e approfondire l'O.D.G.

Vengono presentate due proposte da parte di Antonio Castorina e Enrico Grasso. Il primo con una proposta di ricognizione adesioni delle associazioni. (In Allegato). Si procede con la votazione. La maggioranza approva. La seconda proposta viene esposta da Enrico Grasso riguardo l'interpretazione dello Statuto della Consulta. Si procede con la votazione. La maggioranza approva. (In Allegato)

Come da O.D.G. si prosegue alla votazione sulla Proposta di Revisione dello Statuto della Consulta Giovanile (In Allegato). Intervengono Antonio Strano, Giusi Patané, Enrico Grasso, Antonio Castorina e Graziano D'Urso. L'Assemblea, dopo una lunga discussione sul progetto e sui benefeci della revisione, approva all'unanimità la proposta di revisione dello Statuto della Consulta Giovanile.

Si prosegue con il secondo punto all'ordine del giorno, votazione sulle proposte di progetti delle Commissioni di Lavoro. Antonio Castorina propone la organizzazione del "Forum Giovanile" ai sensi dell'art. 14 dello S.C.G. Il Vice-Presidente Graziano D'Urso inserisce questo oggetto all'o.d.g. della prossima seduta. Si discute sulla possibile data e luogo dell'evento, e sulla calendarizzazione.

Si prosegue con il terzo punto all'ordine del giorno, approvazione dei verbali delle precedenti sedute. Si decide all'unanimità di approvare i verbali delle precedenti sedute.

La seduta della Consulta Giovanile viene sciolta alle ore 17:55.

Letto, Confermato e Sottoscritto.

Aci Castello, lì 03/02/2015

Il Segretario della Consulta
Roberta Marianna De Luca

### Verbale N°6 della Consulta Giovanile di Acicastello del 10/02/2015

A seguito convocazione del 04/02/201, nella sala consiliare alle ore 17.00 del giorno 10 Febbraio 2015 si è riunita la Consulta Giovanile nelle persone delegate dalle associazioni operanti nel territorio castellese. Viene approvato dal presidente del Consiglio Comunale Carmelo Scandurra il Nulla Osta all'uso dell'aula consiliare per il seguente giorno: Martedì 10 febbraio ore 17.00.

Sono presenti, in prima convocazione su 22, N° 13 Associazioni: Antonio Castorina per "Stella Marina"; Enrico Grasso per "Centro Studi Acitrezza"; Giuseppina Patanè per "Federazione Scout d'Europa"; Mario Valastro per "Confraternita S. Giovanni Battista"; Graziano D'Urso per "CSA Cambiamento"; Antonio Strano per "CSC"; Giuliana Patanè per "Libro Forum Aci Trezza"; Mariateresa Parisi per "Orchestra Galatea"; Mauro Sciuto per "Body Music Catania"; Alfio Grasso per "Lory School Dance"; Antonio Grasso per "Circolo Nautico Lachea"; Aleandro Castorina per "Akis Live Music Project"; Nicolaos Castorina per "Comitato Museo Rimini".

A causa dell'assenza di Anna Valastro (Segretario) e Roberta De Luca (Sostituto Segretario), viene nominata Sostituto Segretario per l'odierna convocazione la più anziana dei presenti Giuseppina Patané, che redige il verbale.

Il Vice presidente D'Urso introduce l'O.D.G. trattando il tempo del resoconto dell'U.d.P. sulla ricognizione formale delle adesioni delle associazioni assenti; Votazione sulle proposte di organizzazione dei Forum Giovanili (ex art. 14 S.C.G.) e fissazione calendario; Calendarizzazione prossimi incontri; Varie ed eventuali.

Per l'organizzazione del Forum Giovanile si discute la sede di organizzazione e si propongono i temi: Unioni civili, adozioni ed omofobia; importanza del voto e partecipazione politica; influenza tecnologica sulla vita quotidiana; volontariato ed associazionismo; integrazione sociale; immigrazione e diversità; educazione alimentare; startup ed opportunità. Facendo una sintesi delle diverse idee emerge il topic del syberbullismo e dell'alienazione tecnologica.

Antonio Strano propone di organizzare un incontro di confronto e comparazione con le Consulte Giovanili dei Comuni contermini. All'unanimità si approva il tema del syberbullismo e dell'alienazione tecnologica. All'unanimità si approva la proposta di Enrico Grasso di proporre l'organizzazione del Forum presso gli Istituti Scolastici del Comune.

Si stabilisce di comune accordo la ripartizione degli incarichi per l'organizzazione del Forum Giovanile: Giuseppina Patané ed Enrico Grasso contatteranno uno Psicologo; Graziano D'Urso, Antonio Strano e Giuliana Patané contatteranno le scuole.

L'Assemblea fissa la prossima riunione per Martedì 3 Marzo 2015 ore 17.00.

La seduta è sciolta alle 18.40.

Acicastello, 10/02/2015

Letto, confermato e sottoscritto.
Il sostituto Segretario
Giuseppina Patané

**Verbale n. 7 della riunione della Consulta Giovanile
avvenuta in data 03/03/2015**

A seguito convocazione del 11 Febbraio nella sala consiliare alle ore 17.00del giorno 3Marzo 2015si è riunita la consulta giovanile nelle persone delegate dalle associazioni operanti nel territorio castellese.

Sono presenti su 24, n° 13associazioni: Giuliana Patané per "Libro Forum Acitrezza"; Mariateresa Parisi per "Orchestra Galatea"; Nicolaos Castorina per "APD Ciclope e Acitrezza"; Enrico Grasso per "CSA"; Mauro Sciuto per "Body Music Catania"; Natale Scalia per "ASD Sporting Aci Castello"; Valeria Spoto per "ASD Saturnia Aci Castello"; Antonio Castorina per "Stella Marina"; Maria Tropea per "Uniti per il Lungomare Unito"; Antonio Strano per "CSC"; Graziano D'Urso per "CSA cambiamento", Giuseppina

Patané per "Federazione Scout d'Europa"; Antonio Grasso per "CMR –Comitato Museo Rimini".

È presente per l'Amministrazione l'Assessore alle Politiche Giovanili, Dott.ssa Gisella Patanè.

Apre i lavori l'Ass.re Gisella Patanè e procede a leggere ed approfondire l'iniziativa di pari opportunità organizzata in occasione dell'8 Marzo.

Si avviano i lavori con l'accoglimento di un documento di rettifica della sostituzione della rappresentanza dell'associazione "CMR –Comitato Museo Rimini" col nominativo di Antonio Grasso. L'Assessore Gisella Patané allega agli atti il documento protocollato n.0002812 del 23 febbraio 2015 di convocazione dei dirigenti scolastici del Comune di Acicastello, e la lettera di ricognizione delle associazioni assenti protocollata col n.0002807 del 23 febbraio 2015.

Essendo assente il Segretario eletto Anna Valastro si procede alla designazione del sostituto Segretario, scelto per anzianità, nella persona di Giuseppina Patanè.

Per impegni istituzionali l'Assessore Patané lascia l'aula alle 17.20; presiede l'Assemblea il Vice Presidente Graziano D'Urso, il quale prosegue con l'Ordine del Giorno.

Vista la proposta di ratifica delle dichiarazioni di esclusione dalla Consulta Giovanile delle associazioni "TV Acicastello", Movimento "Uniti per Acicastello", A.S.C. Futuro Club e Circolo Acli Cannizzaro, responsabili presso l'organo rispettivamente Valerio Saitta, Cataldo Claudio, Mauro Seminara e Caterina Mirabella, si procede con il voto: l'assemblea ratifica all'unanimità.

E' presente il Dirigente Scolastico dell'I.S.C. "Verga-Falcone" dott. Natalino Fraggetta su invito dell'Assessore delle politiche giovanili. E' invece assente il Dirigente dell'I.C.S. "Roberto Rimini".

Prendono la parola il dott. Fraggetta, il Vice Presidente D'Urso ed il collega E. Grasso. Al Dirigente viene esposto il progetto di Forum Giovanile, così come delineato nelle precedenti sedute, e si discute la fattibilità dello stesso. Il dott. Fraggetta espone le esigenze dell'Istituto indicando gli argomenti più adatti all'utenza degli alunni della scuola. L'Assemblea concorda sulla necessità di sintetizzare il dibattito e costituire uno o più gruppi di lavoro per concretizzare il progetto. Il Dott. Fraggetta dichiara la sua disponibilità nei confronti delle proposte della Consulta Giovanile e lascia l'aula alle ore 17.55.Per la realizzazione dell'Evento con la Scuola intervengono Strano, Spoto, Patané G. e Grasso, individuando due

73

distinti gruppi che si coordineranno e produrranno una proposta concreta da esibire alla prossima riunione.

Enrico Grasso propone l'applicazione dell'Art. 7 dello S.C.G. per l'associazione "L'isola che non c'è" che ha già maturato cinque assenze consecutive: l'assemblea approva all'unanimità.

Antonio Castorina propone di fissare la prossima riunione della Consulta Giovanile per Martedì 17 Marzo 2015 ore 17.30: l'assemblea approva all'unanimità.

Il Vice Presidente Graziano D'Urso rende noto all'Assemblea che la Settima Commissione del Consiglio Comunale desidera incontrare la Seconda Commissione della Consulta Giovanile per apprestare un coordinamento circa l'organizzazione dell'Evento "Festa Medievale" proposto dal Giuliana Patanè. Il Vice Presidente Graziano D'Urso propone di fissare l'incontro per Martedì 17 Marzo 2015 ore 16.00: l'assemblea approva all'unanimità.

Enrico Grasso propone di organizzare una colletta alimentare per le famiglie bisognose del Comune di concerto con le Associazioni del territorio che si occupano dell'assistenza caritatevole: l'assemblea approva all'unanimità. Si rimanda a successiva riunione per dettagliamento iniziativa.

Il Vice Presidente Graziano D'Urso propone di rinnovare l'invito di cui alla lettera di ricognizione suddetta alle associazioni che non hanno risposto: l'assemblea approva all'unanimità.
La seduta viene sciolta alle ore 19.00

Acicastello, Martedì 3 Marzo 2015

Letto, confermato e sottoscritto.
Il Sostituto Segretario
Giuseppina Patané

### Verbale n. 9 della riunione della Consulta Giovanile avvenuta in data 28/04/2015

A seguito della convocazione dell'Ufficio di Presidenza nella sala consiliare fissata per le ore 17.00del giorno 28Aprile2015si è riunita la consulta giovanile nelle persone delegate dalle associazioni operanti nel territorio castellese.
Sono presenti i seguenti delegati delle associazioni: Giuliana Patané "LibroForum Acitrezza", Natale Scalia "ASD Sporting Acicastello", Maria Tropea "Uniti per il Lungomare Unito", Giuseppina Patané "Federazione Scout d'Europa",

Enrico Grasso "Centro Studi Acitrezza", Antonio Castorina "Stella Marina", Mauro Sciuto "BMC –Body Music Catania", Antonio Grasso "Orchestra Galatea", Aleandro Castorina "Akis Live Music Project", Nicolas Castorina "CMR –Comitato Museo Rimini", Graziano D'Urso "CSA –Cambiamento", Sebastiano Patané "SalvaICiclisti Acicastello".

E' presente per l'Amministrazione l'Assessore Dottoressa Gisella Patanè che presiede l'Assemblea e coordina i lavori.

A seguito di relazione di Giuliana Patané (referente del 2° gruppo di lavoro della Consulta per il progetto "Festa Medievale") sull'incontro con la Settima Commissione del Consiglio Comunale – occasione in cui sono stati richiesti requisiti economici specifici per la fattibilità dell'evento –il membro Antonio Castorina propone di sospendere i lavori dell'Assemblea sul progetto, e rinviare gli atti al 2° gruppo di lavoro per l'estensione di un preventivo di spesa possibile, per poi ripristinare l'iter in seno all'Assemblea per l'acquisizione della valutazione di cui trattasi.

La proposta viene messa ai voti: nessun contrario, nessun astenuto, la maggioranza approva.

Su proposta di Graziano D'Urso, l'Assemblea approva un invito ad Alfio Grasso a presentare in data

26 Maggio il progetto completo di preventivo (Nome, Data, Luogo, Attrezzature, Personalità invitate, Associazioni collaboranti, Service, Spese, etc.), al fine di proseguire l'iter d'allestimento dell'Evento Musicale.

Si impegna il Vice Presidente D'Urso a comunicare alla 7° Commissione del Consiglio Comunale ed al membro Alfio Grasso le decisioni dell'Assemblea di questa giornata, nonché estendere il prossimo O.D.G. di conseguenza alle suddette proposte.

L'Assessore riferisce in Assemblea che l'Istituto Scolastico Verga-Falcone non ha comunicato le intenzioni circa la realizzazione dell'evento in collaborazione con le scuole, per cui, a maggioranza si decide di sospendere a data da definirsi l'iter pertinente. Graziano D'Urso propone di fissare le prossime due convocazioni per le date del 26 Maggio e 7 Luglio; la maggioranza approva.

La seduta viene sciolta alle ore 19.00

Acicastello, Martedì 28 Aprile 2015
Letto, confermato e sottoscritto.

Il Sostituto Segretario
Giuseppina Patané

## Verbale n. 10 della riunione della Consulta Giovanile avvenuta in data 26/05/2015

A seguito della convocazione dell'Ufficio di Presidenza nella sala consiliare fissata per le ore 17.00del giorno 28Aprile2015si è riunita la consulta giovanile nelle persone delegate dalle associazioni operanti nel territorio castellese.

Sono presenti i seguenti delegati delle associazioni: Giuliana Patané "LibroForum Acitrezza", Natale Scalia "ASD Sporting Acicastello", Maria Tropea "Uniti per il Lungomare Unito", Giuseppina Patané "Federazione Scout d'Europa", Enrico Grasso "Centro Studi Acitrezza", Antonio Castorina "Stella Marina", Mauro Sciuto "BMC –Body Music Catania", Antonio Grasso "Orchestra Galatea", Aleandro Castorina "Akis Live Music Project", Nicolas Castorina "CMR –Comitato Museo Rimini", Graziano D'Urso "CSA –Cambiamento", Sebastiano Patané "SalvaICiclisti Acicastello", Roberta De Luca "CreAttiva Acicastello".

E' presente per l'Amministrazione l'Assessore Dottoressa *Gisella Patanè* che presiede l'Assemblea e coordina i lavori.

Si apre la riunione alle 17.10 e si procede con l'Ordine del Giorno affrontando i temi indicati in successione progressiva.

L'Assemblea riunita decide all'unanimità di rivolgere una lettera alla Settima Commissione del Consiglio Comunale (da protocollare via PEC all'indirizzo del Comune da parte del Vice Presidente), dove l'organo dichiara di voler perseguire l'*iter* delle iniziative, progetti, eventi, *forum*, etc. secondo regolamento, senza aderire alle convocazioni della Settima Commissione del Consiglio Comunale salvo che ciò non sia indispensabile ai fini procedurali previsti dallo Statuto del Comune e norme complementari eventuali. Per questo motivo non viene sviluppato alcun calcolo preventivo di spesa da indirizzare alla Settima Commissione del Consiglio Comunale per l'evento "Festa Medievale". L'Assemblea concorda.

Il membro Alfio Grasso, tenuto conto della mancata risposta da parte del Consiglio Comunale e/o della Giunta circa la disponibilità di fondi per le iniziative della Consulta (la cui istanza è stata protocollata a seguito di una delle precedenti riunioni), ha chiesto il rinvio della discussione del progetto artistico-musicale di cui è relatore alla successiva seduta. L'Assemblea concorda.

Per il Consiglio Comunale è presente il consigliere di minoranza Antonio Bonaccorso che ci informa che nessuna novità sussiste circa l'*iter* di riforma dello statuto della consulta giovanile, ad onta della previa istanza a seguito di una delle precedenti riunioni. Per questo motivo il Presidente, congiuntamente al Vice Presidente, elabora una proposta di istruzione di delibera, con oggetto la proposta di riforma dello Statuto della Consulta Giovanile, da sottoporre al Presidente del Consiglio Comunale *Sig. Carmelo Scandurra,* da protocollare secondo le forme prescritte. L'Assemblea concorda.

Il Presidente, alle ore 17.50, chiede di anticipare il punto "varia ed eventuali" per esigenze tecniche introducendo l'intervento del Presidente territoriale dell'AIDO Sig. Santo Reina. L'Assemblea concorda.

Inizia l'intervento dell'Associazione Italiana Donatori Organi con la descrizione della costituzione, della finalità, della storia, delle attività, delle iniziative, dei progetti, etc.: nascita, crescita, sviluppo dell'associazione; aspetto legale ed *iter* delle donazioni, implicazioni, dettagli e conseguenze; considerazioni etiche e giuridiche; descrizione sotto il profilo tecnico clinico degli episodi, aneddoti, casi, particolarità, patologie, malattie, interventi, incidenti, problemi, rigetto, incompatibilità, etc.

La riunione, alle ore 18.30, viene sospesa per malore del Vice-Presidente.

Il Sig. Reina consegna all'Assemblea degli opuscoli inerenti ad una iniziativa ricorrente il 31 Maggio circa la giornata nazionale di donazione degli organi.

La riunione è riassunta alle 18.50. Si ritiene opportuno concludere la seduta e rinviare al successivo O.d.G. la programmazione del 2° Forum Giovanile e degli altri argomenti in discussione nella presente giornata. L'Assemblea concorda.

Il Presidente chiede all'Assemblea di fissare la successiva riunione alle ore 19.00 del 7 Luglio 2015 presso i locali di Villa Fortuna ad Acitrezza (al fine di agevolare quei membri che avessero difficoltà a raggiungere Aci Castello alle ore 17.00), concludendo così la serie di convocazioni prima della sospensione estiva, istanza da protocollare secondo le forme prescritte. L'Assemblea concorda.

La seduta viene sciolta alle ore 19.00.

Acicastello, Martedì 26 Maggio 2015

Letto, confermato e sottoscritto.
Il Sostituto Segretario
Giuseppina Patané

## Verbale n. 11 della riunione della Consulta Giovanile avvenuta in data 07/07/2015

A seguito della convocazione dell'Ufficio di Presidenza nella sala consiliare fissata per le ore 19.00 del giorno 07 Luglio2015si è riunita la consulta giovanile nelle persone delegate dalle associazioni operanti nel territorio castellese.

La seduta è tenuta presso i locali adibiti ai lavori del Consiglio Comunale presso il Palazzo Municipale poiché, a causa di ostacoli di agibilità, i locali di Villa Fortuna di Acitrezza non sono accessibili.

Sono presenti i seguenti delegati delle associazioni: Giuliana Patané "LibroForum Acitrezza", Natale Scalia "ASD Sporting Acicastello", Maria Tropea "Uniti per il Lungomare Unito", Enrico Grasso "Centro Studi Acitrezza", Antonio Castorina "Stella Marina", Mauro Sciuto "BMC –Body Music Catania", Antonio Grasso "Orchestra Galatea", Aleandro Castorina "Akis Live Music Project", Nicolas Castorina "CMR –Comitato Museo Rimini", Graziano D'Urso "CSA –Cambiamento", Sebastiano Patané "SalvaICiclisti Acicastello", Mario Valastro "Confraternita San Giovanni Battista", Loriana Maria D'Urso "APD Ciclope Acitrezza". Non essendo presente il Segretario eletto Anna Valastro (che ha comunicato la sua assenza per impegni di studio), si conviene di designare per l'occasione il sostituto segretario Maria Tropea. E' presente per l'Amministrazione l'Assessore Dottoressa *Gisella Patanè* che presiede l'Assemblea e coordina i lavori.

Si apre la riunione alle 19.10 e si procede con l'Ordine del Giorno affrontando i temi indicati in successione progressiva, iniziando dall'approvazione dei precedenti verbali.

Si dà lettura dei verbali nn. 9 e 10 e si procede con l'approvazione, precisando che la discussione del verbale n. 8 avverrà a seguito di documento pervenuto: è in possesso del Segretario Eletto Anna Valastro.

Graziano D'Urso riferisce che il rappresentante dell'Associazione "Deo Juvante" Sig.ra Maria Grazia Leonardi intende abbandonare l'incarico ed uscire dall'Assemblea della Consulta Giovanile: l'Assemblea ratifica. A seguito della proposta di revisione dello Statuto della Consulta Giovanile protocollato come da ultimo dal Vice Presidente congiuntamente al Presidente, Graziano D'Urso riferisce di essere stato contattato dalla Dott.ssa Enza Sciuto per il perfezionamento dell'istanza di delibera, che deve contenere delle correzioni a dei refusi delle precedente istanza.

L'Assemblea visiona e ratifica la proposta di revisione come modificata, dunque protocollata, da Presidente e Vice-Presidente sulle indicazioni della Dott.ssa Sciuto: il nuovo testo della istanza di delibera consiste nello Statuto come modificato e non già semplicemente nelle singole proposte di modifica agli articoli.

Considerata l'assenza di Alfio Grasso, relatore del progetto artistico-musicale, si conviene a rinviare la discussione in argomento alla prossima seduta, fissata per il mese di Settembre.

Il Vice Presidente propone la data della prossima convocazione per Martedì 15 Settembre: l'assemblea approva. Per luogo e l'orario si deferisce l'organizzazione all'Ufficio di Presidenza. Per l'organizzazione del II Forum Giovanile di Aci Castello l'assemblea discute sul tema da affrontare, i relatori il luogo e la data. Dalle proposte di Graziano D'Urso, Loriana D'Urso e Antonio Castorina si prospetta la seguente proposta –in forma di dibattito libero -, con tema: "Diritti Civili: unioni civili, adozioni per i single, cittadinanza, eutanasia". Sarà contattato Enrico Grasso per l'allestimento di una bozza di locandina. I Relatori dei argomenti saranno: D'Urso G. (Unioni Civili), D'Urso L. (Eutanasia), Castorina (Cittadinanza), Giuseppina Patané (Adozioni per i

Single). La data viene fissata nel giorno di Martedì 13 Ottobre 2015. Per il luogo e l'orario si deferisce l'organizzazione all'Ufficio di Presidenza. L'assemblea approva.

Il Presidente Assessore Dottoressa Gisella Patané propone l'organizzazione di una "Giornata dello Sport" nel mese di Settembre, in sinergia con le associazioni sportive presenti nel territorio del Comune, con l'allestimento di tornei, banchetti informativi, e quanto altro necessario, inserendo –se possibile –un seminario sulla corretta alimentazione. Si conviene di deferire l'organizzazione all'opportuno gruppo di lavoro.

Il Presidente Assessore Dottoressa Gisella Patané propone la creazione di un Albo delle Associazioni del Comune di Aci Castello: si conviene di discutere l'argomento alla prossima seduta.

Acicastello, Martedì 7 Luglio 2015
Letto, confermato e sottoscritto.

Il Sostituto Segretario
Maria Tropea

**Verbale n. 12 della riunione della Consulta Giovanile avvenuta in data 15/09/2015**

A seguito della convocazione dell'Ufficio di Presidenza nella sala consiliare fissata per le ore 17.00del giorno 15 Settembre2015si è riunita la consulta giovanile nelle persone delegate dalle associazioni operanti nel territorio castellese.

La seduta è tenuta presso i locali adibiti ai lavori del Consiglio Comunale presso il Palazzo Municipale poiché l'Aula Consiliare "Michele Toscano" non è disponibile.

Si riceve in carta libera, *brevi manu*, la rettifica della indicazione del responsabile del Comitato Culturale "Akis Live Music Project", a firma del legale rappresentante, nella persona del dott. Francesco Di Gregorio.

Sono presenti i seguenti delegati delle associazioni: Francesco Di Gregorio "Akis Live Music Project", Maria Tropea "Uniti per il Lungomare Unito", Antonio Castorina "Stella Marina", Mauro Sciuto "BMC –Body Music Catania", Antonio Grasso "LibroForum Acitrezza", Mariateresa Parisi "Orchestra Galatea", Graziano D'Urso "CSA – Cambiamento", Giuseppina Patané "Scout d'Europa– Aci Castello 1°".

86

Non essendo presente il Segretario eletto Anna Valastro (che ha comunicato la sua assenza per impegni di studio), si conviene a designare per l'occasione il sostituto segretario Giuseppina Patané.

E' presente per l'Amministrazione l'Assessore Dottoressa *Gisella Patanè* che presiede l'Assemblea e coordina i lavori. E' presente per il Consiglio Comunale *Antonio Bonaccorso*. E' assente per la Settima Commissione del C.C. il Consigliere Grasso, invitato per l'occasione.

Si apre la riunione alle 17.10 e si procede con l'Ordine del Giorno affrontando i temi indicati in successione progressiva, iniziando da un intervento del Presidente: l'Assessore Patané comunica all'Assemblea che tra le richieste per la partecipazione al programma televisivo di RAI 2 "Mezzogiorno in Famiglia" per la squadra del Comune di Aci Castello, non risultano essere presenti componenti della Consulta Giovanile, nonostante tra i requisiti richiesti vi sia preponderante un'età compresa tra i 18 ed i 30 anni. Il Presidente esprime il suo rammarico poiché la Consulta non sarà, pertanto, presente e rappresentata nella squadra che andrà a Roma e in quella che andrà a Piazza Castello il 10 e l'11 p.v.

Con riferimento al primo punto all'O.d.G. l'Assemblea ritiene opportuno di sospendere a tempo indeterminato il progetto artistico-musicale con referente Alfio Grasso, a seguito del reiterato rinvio della discussione in Assemblea per protratte assenze del responsabile.

Con riferimento al secondo punto all'O.d.G. l'Assemblea ritiene opportuno di posticipare alla data del 17 Novembre, per vari motivi(assenze, indisponibilità dei membri, etc.), l'allestimento del 2° Forum Giovanile, congiuntamente alla 13° Convocazione della Consulta Giovanile: si perfezionano gli argomenti e si definiscono nei seguenti: Presentazione e discorso di Apertura (dott.ssa Gisella Patané), Unioni Civili (Graziano D'Urso), Adozioni per i Single (Giuseppina Patané), Cittadinanza ed Immigrazione (Antonio Castorina), Testamento Biologico ed Eutanasia (Loriana Maria D'Urso), dibattito aperto, conclusioni. Il Forum verrà organizzato in forma di dibattito aperto da una "relazione" a cura dei sopra citati membri, corredata da una comparazione delle diverse legislazioni nazionali. Si perviene ad incaricare Enrico Grasso per la grafica della locandina. L'incontro si terrà presso l'Aula Consiliare "Michele Toscano" del Palazzo Municipale di Aci Castello alle ore 16.20.

Con riferimento al terzo punto all'O.d.G., il Consigliere Comunale Antonio Bonaccorso presente in

Aula, riferisce all'Assemblea sui lavori e sulla delibera del C.C. sul Regolamento dell'Albo Comunale delle Associazioni: implicazioni, vantaggi, semplificazioni, agevolazioni, norme, limiti, etc.

Il Vice-Presidente D'Urso riferisce che nell'Associazione "Sporting Aci Castello" sarà nominato un sostituto rappresentante che verrà comunicato prossimamente, a seguito di sopravvenuta indisponibilità del rappresentante dimissionario Natale Scalia.

Il Vice-Presidente D'Urso riferisce anche che dalla data del 5 Ottobre a quella del 5 Novembre p.v. sarà all'Estero per motivi di lavoro, e che quindi non potrà essere presente per eventuali incontri straordinari.

Il Vice-Presidente D'Urso riferisce inoltre dei lavori del Consiglio Comunale intorno alla proposta di delibera della Revisione dello Statuto della Consulta Giovanile con riferimento alle sedute di C.C. dell'1 e 2 Settembre 2015: riferisce degli interventi in Aula, gli emendamenti, la proposta del Consigliere Comunale Maurizio Marino, etc., e che quindi si attendono aggiornamenti circa la prossima seduta di C.C. ove si discuterà la proposta definitiva di Revisione.

Non essendoci ulteriori punti da discutere, la seduta è conclusa alle ore 18.25.

Acicastello, Martedì 15 Settembre 2015

Letto, confermato e sottoscritto.
Il Sostituto Segretario
Giuseppina Patané

**Verbale n. 14 della riunione della Consulta Giovanile avvenuta in data 15/03/2016**

A seguito della convocazione (Protocollo n.0007998 del 10/03/2016) dell'Ufficio di Presidenza nella sala delle Commissioni Consiliari per le ore 17.00del giorno 15 Marzo 2016 si è riunita la Consulta Giovanile nelle persone delegate dalle associazioni operanti nel territorio castellese.

Sono presenti i seguenti delegati delle associazioni: *Giuliana Patané* "LibroForum Acitrezza", *Maria Tropea* "Uniti per il Lungomare Unito", *Giuseppina Patané* "Federazione Scout d'Europa", *Antonio Castorina* "Stella Marina", *Graziano D'Urso* "CSA – Cambiamento", *Alfio Grasso* di "Lory School Dance".

E' presente per l'Amministrazione l'Assessore Dott.ssa *Gisella Patanè* che presiede l'Assemblea e coordina i lavori.

90

Non essendo presente il Segretario eletto Anna Valastro, si conviene di nominare sostituto segretario per la presente riunione il membro Alfio Grasso.

Il Presidente, Dott.ssa Ass. *Gisella Patané* comunica all'Assemblea che l'Assessore alle Politiche Giovanili del Comune di Acireale, *Giuseppe Sardo*, ha indirizzato un "Invito a partecipare alla Tavola Rotonda "Guardiamoci Incontro – Momento di Confronto fra le Consulte Giovanili delle Aci e non solo" rivolto allo stesso Presidente, consegnando copia del documento al Vice-Presidente *Graziano D'Urso*.

Il Vice Presidente *Graziano D'Urso* ed il membro *Antonio Castorina* fanno presente che la seduta odierna è l'ultima di questo mandato, chiedendo all'Assessore di espletare l'iter per il nuovo bando della Consulta. L'Assessore, sebbene conviene sull'utilità del bando, ha sollevato dubbio in merito alla nuova partecipazione degli eventuali membri dell'Assemblea perché entrato in vigore il nuovo regolamento sull'Albo delle Associazioni (sebbene a parere del Vice Presidente nulla osta nel nuovo regolamento al rinnovo della Consulta in base alle regole vigenti).

Il Presidente, col parere concordante del Vice Presidente, informa che chiederà parere tecnico al Segretario Generale dell'Amministrazione, circa la compatibilità dell'Albo delle Associazioni ed il regolamento vigente della Consulta Giovanile, affinché si possa pubblicare il nuovo bando per poter proseguire la stagione delle riforme della Consulta Giovanile condotta nell'ultimo biennio a seguito del blocco delle convocazioni avvenuto nel 2009 sino al 2014. Il Presidente si impegna a portare avanti quanto detto nel minor tempo possibile e lascia la riunione alle ore 17.40.

Presiede e coordina i lavori il Vice-Presidente *Graziano D'Urso* che fa presente che, nonostante i ripetuti inviti, non è mai stato presente alle sedute della Consulta Giovanile il Presidente della VII Commissione Consiliare Sig. *Santo Grasso*.

Viene data lettura e vengono approvati all'unanimità i Verbali nn. 11, 12, 13 delle precedenti sedute e del 2° Forum Giovanile.

Si procede con l'Ordine del Giorno e si affrontano i temi indicati in successione.

Il Vice-Presidente *Graziano D'Urso* informa del Referendum Abrogativo Ordinario del 17 Aprile 2016, esponendo l'importanza delle ragioni della partecipazione al voto sulla questione delle trivellazioni del Mare italiano, informando dell'esistenza di due enti spontanei costituiti sul territorio per la sensibilizzazione al voto: Comitato No Triv Aci Castello e Comitato No Triv delle Aci, di cui il Vice-Presidente è membro. *Antonio Castorina* informa che, come già fatto per il Referendum sull'Energia Nucleare, l'Associazione Culturale "Centro Studi Acitrezza" organizzerà ad Aci Trezza un evento in collaborazione con Green Peace.

Il Vice-Presidente *Graziano D'Urso* elenca tutti i lavori portati avanti dall'organo nel biennio trascorso evidenziando quelli portati a compimento (fra cui due Forum Giovanili, la creazione del Gruppo e della Pagina Facebook ufficiali, il disegno del Logo della Consulta, la creazione dei gruppi di lavoro, l'iter per la revisione e l'aggiornamento dello Statuto della Consulta Giovanile, etc.), il tutto senza possibilità di usufruire di un apposito capitolo di spesa in bilancio.

L'Assemblea dichiara congiuntamente l'auspicio che l'organo possa crescere sempre più, essere punto di riferimento per i giovani del comune ed essere considerato dall'Amministrazione come centro d'aggregazione giovanile, meritevole di assecondamento, sostegno e tutela, in luogo di punto di incontro e di condivisione di progetti, idee, pareri, opinioni, collaborazioni, iniziative.

Non essendo possibile fissare la nuova seduta, per spirare del mandato biennale dell'Assemblea (operante il 18 Marzo 2016), si attende il bando ad opera dell'Amministrazione Comunale per il rinnovo dell'Organo Consultivo, con contestuale elezione dell'ufficio di presidenza.

Al termine della seduta questo Verbale viene letto ed approvato all'unanimità.

La seduta è sciolta alle ore 18.55.

Acicastello, 15 marzo 2016

Letto, confermato e sottoscritto.
Il Sostituto Segretario
Alfio Grasso

## Verbale N°2 della riunione della Consulta Giovanile - 14/03/2017

Oggi, Martedì 14 Marzo 2017, presso l'Aula Consiliare "Michele Toscano" del Palazzo Municipale del Comune di Aci Castello, Via Dante 28, si è tenuta la seconda riunione della Consulta Giovanile, convocata con invito del Presidente, Sig. Graziano D'Urso, mediante PEC (Identificativo messaggio opec283.20170311100224.18016.05.1.65@pec.aruba.it).

Presiede la riunione il Sig. D'Urso Graziano; D'Urso Giovanni segretario verbalizzante. La seduta è aperta alle ore 17:30.

Sono presenti: Mario Valastro per "APD Ciclope Acitrezza", Antonio Finocchiaro per "Centro Studi Acitrezza", Antonio Castorina per "Stella Marina", D'Urso Graziano per "CSA Cambiamento", D'Urso Giovanni per "LibroForum Acitrezza". Risultano assenti i rappresentanti delle seguenti associazioni: Orchestra Galatea, Akis Live Music Project e Aido Acicastello. E' presente in Aula senza diritto al voto Federica Zappoli del CMR – Comitato Museo Rimini.

Risulta assente l'Assessore alle Politiche Giovanili Dott.ssa Gisella Patané: per l'Amministrazione Comunale non è presente nessuno. Risulta assente il Presidente della Settima Commissione permanente Sig. Santo Grasso: per il Consiglio Comunale non è presente nessuno.

Constatato il numero legale di cinque presenti su sette si procede con l'affrontare il primo punto all'ordine del giorno: **Calendarizzazione Prossimi Incontri della Consulta Giovanile**. Il Presidente prende parola, proponendo di fare almeno una convocazione di Consulta Giovanile al mese (secondo Statuto), un Forum Giovanile nel mese di Maggio ed una riunione di Rete Etnea delle Consulte Giovanili nel mese di Giugno. L'Assemblea esprime parere favorevole alla data dell'11 Aprile p.v. ore 17:30 per la terza seduta di Consulta Giovanile e la data di Martedì 9 Maggio p.v. per il primo Forum Giovanile. I presenti sono tutti d'accordo e danno disposizione al Presidente di inoltrare le relative richieste di nulla-osta per i locali.

Si passa al secondo punto dell'ordine del giorno: **Approvazione Verbale n. 1** della seduta di Consulta Giovanile del 7 Febbraio 2017. Il Presidente procede a leggere il suddetto verbale. Si apre la discussione e tutti i presenti manifestano parere favorevole. Si chiude la discussione e si passa alla votazione. Il Verbale viene approvato all'unanimità e l'assemblea dà disposizione al Presidente di protocollare il Verbale all'indirizzo dell'Assessore alle Politiche Giovanili.

Si passa al terzo punto dell'ordine del giorno: **Ratifica dei Documenti stilati in seno al 2° e 3° incontro della Rete Etnea delle Consulte Giovanili tenuti nelle date del 24 Maggio 2016 (in Acicastello) e 17 Novembre 2016 (in Santa Venerina) in ottemperanza all'Art. 16, 2° comma della Delibera del Consiglio Comunale n. 62 del 2016.** Il Presidente prende parola ed espone il documento di Acitrezza ed il documento di Santa Venerina ed esprime il parere secondo cui è un buon investimento aderire attivamente alla Rete Etnea delle Consulte Giovanili ratificando i principi fondamentali accordati alle due riunioni suddette. Si apre la discussione e tutti i presenti manifestano parere favorevole. Si chiude la discussione e si passa alla votazione. Tutti i membri approvano la ratifica e danno disposizione al Presidente di Comunicare alla Rete Etnea delle Consulte Giovanili l'avvenuta ratifica oltre di allegare copia al presente verbale.

Si procede con il quarto punto all'ordine del giorno: **Richiesta all'Amministrazione di affidamento locali di proprietà comunale per il biennio 2017-2018 in luogo di sede operativa stabile della Consulta Giovanile per il disimpegno dei propri scopi statutari.** Il Presidente procede a leggere la proposta e ne dichiara aperta la discussione. Antonio Castorina prende parola esponendo il suo parere chiedendo l'aggiunta di una ulteriore richiesta al Consiglio Comunale inerente l'inserimento nel Bilancio Preventivo e Consuntivo di un capitolo di spesa espressamente previsto per il finanziamento delle attività della Consulta Giovanile. Si apre la discussione sull'emendamento di Antonio Castorina e viene accolta con favore da tutti i presenti; l'emendamento viene aggiunto alla proposta. Il Presidente dichiara aperto il voto per la Richiesta così modificata. L'Assemblea approva all'unanimità e dà disposizione al Presidente di protocollare detta richiesta oltre di allegarne copia al presente verbale.

97

Si passa al quinto punto all'ordine del giorno: **Istituzione del fondo cassa della Consulta Giovanile in ossequio agli Artt. 1 e 15, 2° comma della Delibera del Consiglio Comunale n. 62 del 2016**. Il presidente prende parola esponendo i suoi parere riguardanti l'istituzione di un fondo cassa e legge la proposta. Il Presidente dichiara aperta la discussione. Antonio Castorina prende parola ed esprime il parere secondo il quale l'istituzione di un fondo cassa deve essere spostata alla vigilia di un evento. L'Assemblea esprime parere favorevole alla proposta di Antonio Castorina e chiede al Presidente di inserire la proposta suddetta all'o.d.g. contenente l'organizzazione di un evento. La proposta pertanto non viene votata e così spostata a seduta da destinarsi.

Si passa al sesto punto all'ordine del giorno: **Costituzione dei gruppi di lavoro con attribuzioni di competenze in ottemperanza all'Art. 13 della Delibera del Consiglio Comunale n. 62 del 2016**. Vengono progettati due soli gruppi di lavoro: il primo competente per "Statuto e Regolamenti", "Rete Etnea delle Consulte Giovanili", "Rapporti col Baby Consiglio", "Rapporti col Consiglio Comunale", "Rapporti con l'Amministrazione", "Comunicazione e Social Media", "Rapporti con gli Istituti Scolastici", "Fondo Cassa e Finanziamenti"; il secondo competente per "Musica, Arte e Spettacolo", "Cultura, Sport ed Eventi", "Rapporti con le Associazioni, Gruppi e Comitati", "Ambiente, Ecologia e Vivibilità", "Pari Opportunità e lotta alle discriminazioni". Il Presidente dichiara aperta la discussione. Mario Valastro chiede che la composizione dei due gruppi di lavoro sia perfezionata alla prossima seduta. L'Assemblea esprime parere favorevole sulla distribuzione delle competenze ed accoglie all'unanimità la proposta di Mario Valastro. Il Presidente chiude la discussione e rinvia alla seduta successiva la composizione dei gruppi di lavoro.

Si passa al punto "Vari ed Eventuali" e viene affrontata la **Richiesta della Consulta Giovanile di Valverde, nel seno delle iniziative della Rete Etnea di un torneo di calcio delle Consulte.** Il Presidente espone la proposta così come esitata dal Presidente della Consulta Giovanile di Valverde. Il Presidente dichiara aperta la discussione. Antonio Castorina prende parola ed espone la proposta che la nostra Consulta oltre ad accettare la richiesta della Consulta Giovanile di Valverde, dovrà presentare una squadra all'uopo costituita. L'Assemblea dà disposizione al Presidente di procedere con le trattative e di mettere in contatto il referente di Valverde con un incaricato della nostra consulta per occuparsi del progetto. Il Presidente dichiara chiusa la discussione.

Accertato che non sussistono altri argomenti all'ordine del giorno, né varie ed eventuali ulteriori il Presidente dichiara chiusa la seduta. La seduta è tolta alle ore 19.00.

Acicastello, Martedì 14 Marzo 2017

Il Segretario
D'Urso Giovanni

**Verbale N°3 della riunione della Consulta Giovanile - 11/04/2017**

Oggi, Martedì 11 Aprile 2017, presso l'Aula Consiliare "Michele Toscano" del Palazzo Municipale del Comune di Aci Castello, Via Dante 28, si è tenuta la terza riunione della Consulta Giovanile, convocata con invito del Presidente, Sig. Graziano D'Urso, mediante PEC (Identificativo messaggio opec283.20170318134927.14361.01.1.62@pec.aruba.it).

Presiede la riunione il Sig. D'Urso Graziano; data l'assenza del segretario eletto Giovanni D'urso l'assemblea conviene di incaricare segretario il vice presidente Antonio Finocchiaro. La seduta è aperta alle ore 17:00. Sono presenti: Antonio Finocchiaro per "Centro Studi Acitrezza", D'Urso Graziano per "CSA Cambiamento" e Mauro Sciuto per "Orchestra Galatea". Risultano assenti i rappresentanti delle seguenti associazioni: D'Urso Giovanni per "LibroForum Acitrezza", Antonio Castorina per "Stella Marina", Mario Valastro per "APD Ciclope Acitrezza", Akis Live Music Project e Aido Acicastello. Risulta assente l'Assessore alle Politiche Giovanili Dott.ssa Gisella Patané: per l'Amministrazione Comunale non è presente nessuno. Risulta assente il Presidente della Settima Commissione permanente Sig. Santo Grasso: per il Consiglio Comunale non è presente nessuno. Constatata l'insussistenza del numero legale, l'assemblea è convocata in seconda convocazione alle ore 18:00.

Alle ore 18.00 si apre la seconda convocazione della seduta e si procede con l'affrontare il primo punto all'ordine del giorno: Calendarizzazione Prossimi Incontri della Consulta Giovanile. Il Presidente prende parola, proponendo la data della seduta del mese di giugno nel giorno 6, viene ulteriormente proposto il 4 luglio come data successiva. L'Assemblea esprime parere favorevole alla data del 6 giugno p.v. ore 17:30

per la quarta seduta di Consulta Giovanile e al 4 luglio p.v ore 17:30 per la quinta seduta. I presenti sono tutti d'accordo e danno disposizione al Presidente di inoltrare le relative richieste di nulla-osta per i locali. Si passa al secondo punto dell'ordine del giorno: Approvazione Verbale n. 2 della seduta di Consulta Giovanile del 14 Marzo 2017. Il Presidente procede a leggere il suddetto verbale. Si apre la discussione e tutti i presenti manifestano parere favorevole. Si chiude la discussione e si passa alla votazione. Il Verbale viene approvato all'unanimità e l'assemblea dà disposizione al Presidente di protocollare il Verbale all'indirizzo dell'Assessore alle Politiche Giovanili. Si passa al terzo punto dell'ordine del giorno: Definizione dei gruppi di lavoro: Mauro Sciuto dichiara di essere inserito nel secondo gruppo di lavoro, Antonio Finocchiaro dichiara anch'esso di essere inserito nel secondo gruppo, mentre Graziano D'urso afferma di voler appartenere al primo gruppo di lavoro. Il resto dei membri dell'assemblea dichiarerà la propria scelta nella prossima seduta. Si procede con il quarto punto all'ordine del giorno: Esposizione argomenti dell'incontro valido come Forum Giovanile fissato in data 9 maggio 2017 e definizione dei seguenti punti da trattare durante l'incontro:

1 – Saluto dell'Assessore alle Politiche Giovanili, del Presidente della Consulta Giovanile e delle personalità intervenute; 2 – Inizio della discussione con gli interventi dei membri della Consulta Giovanile:
I – Peppino Impastato: La mafia siciliana, la lotta alla criminalità organizzata, il fenomeno mafioso in Europa e nel Mondo;
II – Aldo Moro: Le brigate rosse, il terrorismo italiano ed internazionale, le vittime di Aci Castello;
III – Dichiarazione di Schuman: anniversario europeo della pace e dell'integrazione; pace internazionale e sociale, lotta alla xenofobia e agli estremismi;
3 – Apertura della discussione e dibattito, trattazione delle proposte, conclusioni;
4 – Varie ed eventuali.

Si passa al quinto punto all'ordine del giorno: Proposta di argomento della quarta seduta della Rete etnea. Antonio Finocchiaro prende la parola affermando di dover trattare l'avanzamento e lo stato di ogni Consulta, la richiesta viene approvata dall'Assemblea. Si passa al punto "Vari ed Eventuali": Il vice presidente Antonio Finocchiaro afferma di aver contattate il Presidente della Consulta Giovanile di Valverde, chiedendo informazioni riguardo il torneo organizzato dalla corrispettiva Consulta Giovanile di Valverde. Infine prende parola il presidente Graziano D'urso dichiarando di aver protocollato tutte le richieste che sono state indicate dell'Assemblea durante la seconda seduta, e di non aver ricevuto risposta dal Comune. Accertato che non sussistono altri argomenti all'ordine del giorno, né varie ed eventuali ulteriori il Presidente dichiara chiusa la seduta.

La seduta è tolta alle ore 19.35.


Acicastello,
Martedì 14 Marzo 2017

Il Vice presidente
Antonio Finocchiaro

**Operato della Consulta Giovanile di Acicastello dal 2014 al 2018**
Graziano D'Urso

I verbali delle sedute del 18/03/2014 e 07/02/2017 sono nella disponibilità degli archivi del Comune di Aci Castello.

I verbali delle sedute del 17/03/2015, 07/07/2015, 12/04/2016, 03/05/2016, 09/05/2017 e 17/03/2018 sono mancanti per omessa celebrazione della seduta (l'o.d.g. non è stato mai discusso in quella data).

Operato della Consulta Giovanile di Acicastello dal 2014 al 2018
Graziano D'Urso

# Sommario

## Operato della Consulta Giovanile di Acicastello dal 2014 al 2018
Graziano D'Urso